WEEKLY STUDY PLAN

Name of the Test ←テスト名を書こう。

Test Period ←
| ／ | ～ | ／ |

テスト期間を書こう。

Date｜To-do List ← やることを書こう。
（例）「英単語を10個覚える」、など。

勉強する日付を書こう。

☐ Time Record ←
0分 10 20 30 40 50 60分
- 1時間
- 2時間
- 3時間
- 4時間
- 5時間
- 6時間

マス目をぬろう。1マス10分。

JN029709

☐ Time Record
0分 10 20 30 40 50 60分
- 1時間
- 2時間
- 3時間
- 4時間
- 5時間
- 6時間

☐ Time Record
0分 10 20 30 40 50 60分
- 1時間
- 2時間
- 3時間
- 4時間
- 5時間
- 6時間

☐ Time Record
0分 10 20 30 40 50 60分
- 1時間
- 2時間
- 3時間
- 4時間
- 5時間
- 6時間

☐ Time Record
0分 10 20 30 40 50 60分
- 1時間
- 2時間
- 3時間
- 4時間
- 5時間
- 6時間

☐ Time Record
0分 10 20 30 40 50 60分
- 1時間
- 2時間
- 3時間
- 4時間
- 5時間
- 6時間

☐ Time Record
0分 10 20 30 40 50 60分
- 1時間
- 2時間
- 3時間
- 4時間
- 5時間
- 6時間

➡点線にそって切り取りましょう。

Gakken New Course Study Plan Sheet

WEEKLY STUDY PLAN

Name of the Test

Date｜To-do List

WEEKLY STUDY PLAN

Test Period

／ ～ ／

Name of the Test

Test Period

／ ～ ／

Date   To-do List

🕐 **Time Record**
0分 10 20 30 40 50 60分
- 1時間
- 2時間
- 3時間
- 4時間
- 5時間
- 6時間

🕐 **Time Record**
0分 10 20 30 40 50 60分
- 1時間
- 2時間
- 3時間
- 4時間
- 5時間
- 6時間

／
( )

🕐 **Time Record**
0分 10 20 30 40 50 60分
- 1時間
- 2時間
- 3時間
- 4時間
- 5時間
- 6時間

🕐 **Time Record**
0分 10 20 30 40 50 60分
- 1時間
- 2時間
- 3時間
- 4時間
- 5時間
- 6時間

／
( )

🕐 **Time Record**
0分 10 20 30 40 50 60分
- 1時間
- 2時間
- 3時間
- 4時間
- 5時間
- 6時間

🕐 **Time Record**
0分 10 20 30 40 50 60分
- 1時間
- 2時間
- 3時間
- 4時間
- 5時間
- 6時間

／
( )

🕐 **Time Record**
0分 10 20 30 40 50 60分
- 1時間
- 2時間
- 3時間
- 4時間
- 5時間
- 6時間

🕐 **Time Record**
0分 10 20 30 40 50 60分
- 1時間
- 2時間
- 3時間
- 4時間
- 5時間
- 6時間

／
( )

🕐 **Time Record**
0分 10 20 30 40 50 60分
- 1時間
- 2時間
- 3時間
- 4時間
- 5時間
- 6時間

🕐 **Time Record**
0分 10 20 30 40 50 60分
- 1時間
- 2時間
- 3時間
- 4時間
- 5時間
- 6時間

／
( )

🕐 **Time Record**
0分 10 20 30 40 50 60分
- 1時間
- 2時間
- 3時間
- 4時間
- 5時間
- 6時間

🕐 **Time Record**
0分 10 20 30 40 50 60分
- 1時間
- 2時間
- 3時間
- 4時間
- 5時間
- 6時間

／
( )

🕐 **Time Record**
0分 10 20 30 40 50 60分
- 1時間
- 2時間
- 3時間
- 4時間
- 5時間
- 6時間

🕐 **Time Record**
0分 10 20 30 40 50 60分
- 1時間
- 2時間
- 3時間
- 4時間
- 5時間
- 6時間

／
( )

🕐 **Time Record**
0分 10 20 30 40 50 60分
- 1時間
- 2時間
- 3時間
- 4時間
- 5時間
- 6時間

【 学 研 ニューコース 】

問題集

中3英語

♪マークの付いている英文の音声は，2通りの方法で再生できます。
利用環境や用途に合わせてお選びください。

 アプリ「マイオトモ」

音声再生アプリをご利用の方は下記へアクセスしてください。

URL:https://gakken-ep.jp/extra/myotomo/

＊音声を端末にダウンロードすればオフラインでもご利用可能です。

 ストリーミング再生

ページ右上の二次元コードを読み取ってください。

【ご注意】
• オフラインでは利用できません。
• 二次元コードを読み取るためのアプリ等が必要です。

アプリの利用やストリーミング再生は無料ですが，通信料はお客様のご負担になります。
お客様のネット環境および端末の設定等により，音声を再生できない場合，当社は責任を負いかねます。

Gakken

中3英語 問題集

「解答と解説」は別冊になっています。
本冊と軽くのりづけされていますので，
はずしてお使いください。

本書の特長と使い方

構成と使い方

【1見開き目】

テストに出る！ 重要ポイント

各項目のはじめには，重要点が整理されています。まずはここに目を通して，テストに出るポイントをおさえましょう。

Step 1　基礎力チェック問題

基本的な問題を解きながら，各項目の基礎が身についているかどうかを確認できます。

得点アップアドバイス

わからない問題や苦手な問題があるときに見てみましょう。

【2見開き目】

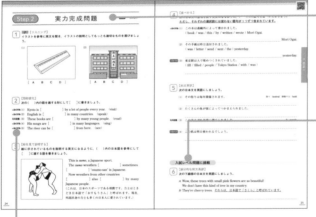

Step 2　実力完成問題

標準レベル～やや難しい問題を解いて，実戦力をつけましょう。まちがえた問題は解き直しをして，解ける問題を少しずつ増やしていくとよいでしょう。

入試レベル問題に挑戦

各項目の，高校入試で出題されるレベルの問題に取り組むことができます。どのような問題が出題されるのか，雰囲気をつかんでおきましょう。

1項目4ページ構成

問題につくアイコン

✓よくでる　定期テストでよく問われる問題。

ミス注意　まちがえやすい問題。

ハイレベル　発展的な内容を問う問題。

思考　学習内容を応用して考える必要のある問題。

♪ 音声

このマークのある英語はスマートフォンで音声を再生できます。
※音声の再生方法について，詳しくはこの本のp.1をご覧ください。

| ステップ式の構成で 無理なく実力アップ | 充実の問題量＋ 定期テスト予想問題つき | スタディプランシートで スケジューリングも サポート |

定期テスト予想問題

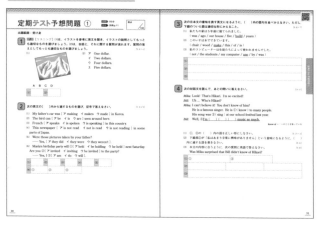

学校の定期テストでよく出題される問題を集めたテストで，力試しができます。制限時間内でどれくらい得点が取れるのか，テスト本番に備えて取り組んでみましょう。
巻末には，高校入試対策テストもあります。

数項目ごと

解答と解説【別冊】

解答は別冊になっています。くわしい解説がついているので，まちがえた問題は，解説を読んで，解き直しをすることをおすすめします。
特に誤りやすい問題には，「ミス対策」があり，注意点がよくわかります。

スタディプランシート

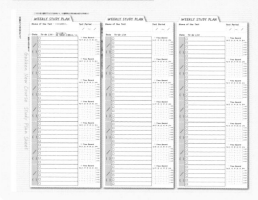

定期テストや高校入試に備えて，勉強の計画を立てたり，勉強時間を記録したりするためのシートです。計画的に勉強するために，ぜひ活用してください。

まずはテストに向けて，いつ何をするかを決めよう！

1 中1・中2の復習 ① （現在の文）

攻略のコツ be動詞と一般動詞の使い分け，疑問文と否定文のつくり方がよく問われる！

テストに出る！ **重要ポイント**

● **be 動詞の文（現在）**

❶ 「〜は…です」と言うときに **be 動詞**を使う。

❷ 主語によって使い分ける。

・I → **am**　　・you と we，they など複数 → **are**

・it，Mike，my brother など**3人称単数** → **is**

❸ 否定文 → **be 動詞のあとに not** を入れてつくる。

❹ 疑問文 → **be 動詞で文を始めて，Is[Are] 〜?** の形。
答えの文でも be 動詞を使う。

● **一般動詞の文（現在）**

❶ 動作や状態を表すときに**一般動詞**を使う。

❷ 主語が**3人称単数**のとき，動詞に **s** または **es** をつける。

❸ 否定文→動詞の原形の前に **do not[does not]** を入れる。

・主語が **I**，you と複数 → **do not[don't]**

・主語が**3人称単数** → **does not[doesn't]**

❹ 疑問文 → **Do[Does]** を文の最初におく。動詞は原形。
答えの文でも do[does] を使う。

Step 1　基礎力チェック問題

解答 別冊 p.2

1 【be 動詞の文（現在）】
適する語句を[　　]内から選びましょう。

☑(1) 私は中学生です。
I [am / are / is] a junior high school student.

☑(2) トムと私は親友です。
Tom and I [am / are / is] good friends.

☑(3) 私たちは野球選手ではありません。
We [not are / are not / is not] baseball players.

☑(4) あの男性はトムのお父さんですか。
[That is / Does that / Is that] man Tom's father?

☑(5) 健と久美はテニス部に入っていますか。
[Am / Are / Is] Ken and Kumi on the tennis team?

📈 得点アップアドバイス

1
be 動詞は主語によって使い分ける。
(2) 主語の数に注意
Tom and I は複数。

【be 動詞の使い分け】

主語	現在	過去
I	am	was
you, 複数	are	were
3人称単数	is	was

2 【be 動詞の文（現在）】
適する語を[　　]に書きましょう。

得点アップアドバイス

☑ (1) あれは富士山です。
　　　[　　　　　　] [　　　　　　　　] Mt. Fuji.

☑ (2) これは私の本です。
　　　[　　　　　　] [　　　　　　　　] my book.

☑ (3) 鈴木先生は私たちの英語の先生ではありません。
　　Mr. Suzuki [　　　　　　] [　　　　　　　] our English
　　teacher.

☑ (4) あなたは13歳ですか。――いいえ，ちがいます。
　　[　　　　　　] [　　　　　　　] thirteen years old?
　　―― No, [　　　　　　] [　　　　　　].

2
(3) 否定文。not の位置に注意。

(4) 疑問文。be 動詞をどこにおくかに注意。

3 【一般動詞】
動詞の3人称単数・現在形を[　　]に書きましょう。

☑ (1) play 　[　　　　　] ☑ (2) take 　[　　　　　]
☑ (3) like 　[　　　　　] ☑ (4) get 　[　　　　　]
☑ (5) go 　[　　　　　] ☑ (6) study 　[　　　　　]
☑ (7) teach 　[　　　　　] ☑ (8) have 　[　　　　　]

3
s, es のつけ方
(5)(7) 動詞の語尾に es をつける。
(6)は y を i にかえて es をつける。
(8) have の3人称単数・現在形は不規則に変化する。

4 【一般動詞の文（現在）】
適する語を[　　]に書きましょう。

☑ (1) マイクは彼をよく知っています。
　　Mike [　　　　　　] him well.

☑ (2) あなたは新しい自転車がほしいですか。――はい，ほしいです。
　　[　　　　　　] you [　　　　　　] a new bike?
　　―― Yes, [　　　　　　] [　　　　　　].

☑ (3) 私たちは日曜日は学校に行きません。
　　We [　　　　　] [　　　　　　] to school on Sundays.

☑ (4) さゆりは週末によくクッキーを作ります。
　　Sayuri often [　　　　　　] cookies on weekends.

☑ (5) トムは日本の音楽を聞きますか。――いいえ，聞きません。
　　[　　　　　　] Tom [　　　　　　] to Japanese music?
　　――[　　　　　　], he [　　　　　　].

☑ (6) 私の母はあまりテレビを見ません。
　　My mother [　　　　　] [　　　　　　] TV so much.

4
(2) 「あなたは～」とたずねられたら「私は～」と答える。

(6) not ～ so much ＝ 「あまり～ない」

1 中1・中2の復習 ①

1 ♪【リスニング】

(1)は，イラストを参考に英文を聞き，最後の文の応答としてもっとも適切なものを選びましょう。(2)は，イラストを参考に英文を聞き，イラストの説明としてもっとも適切なものを選びましょう。

(1)
A
B
C
D

(2)
A
B
C
D

2 【適語補充】

次の日本語に合うように，適する語を[　]に書きましょう。

✓よくでる (1)　私たちは今，札幌にいます。

[　　　　　] [　　　　　　　] in Sapporo now.

✓よくでる (2)　健は熱心に英語を勉強します。

Ken [　　　　　] [　　　　　　　] hard.

ミス注意 (3)　彼はニンジンを食べません。

He [　　　　　] [　　　　　　　] carrots.

ミス注意 (4)　私たちのことを忘れないでください。

[　　　　　] [　　　　　　　] about us.

(5)　あれは彼女のかばんではありません。

[　　　　] [　　　　] [　　　　　　　] her bag.

ミス注意 (6)　あなたはふだんいつピアノを練習するのですか。

[　　　　] [　　　　　　　] you usually practice the piano?

3 思考【メモを見て説明する】

日本語のメモの内容を表す英文になるように，[　]に適する語を書きましょう。

> サッカーボールを持っている。
> サッカーが大好き。
> 放課後に友達とサッカーをする。

(1)　I [　　　　　　] a soccer ball.

(2)　I [　　　　　　] soccer very much.

(3)　I [　　　　　　] it with my friends after school.

4 【並べかえ】
次の日本文の意味を表す英文になるように，（　　）内の語句を並べかえましょう。
<u>ただし，それぞれの選択肢には使わない語句が１つずつ含まれています。</u>

(1) マイクは昼食にすしを食べます。
（ has / have / sushi / for lunch / Mike ）

_____

(2) 鈴木先生はバスで学校に来ません。
（ Mr. Suzuki / don't / doesn't / come / school / to ） by bus.

_____ by bus.

ハイレベル (3) あなたは１日にどのくらいテレビを見ますか。
（ many / long / you / how / do / watch TV ） a day?

_____ a day?

5 【和文英訳】
次の日本文を英語にしましょう。

✓よくでる (1) 私の名前は鈴木ゆみです。

_____

(2) あなたは数学が好きですか。——はい，好きです。

_____

ミス注意 (3) 健二（けんじ）は音楽を聞きません。

_____

_____

 入試レベル問題に挑戦 ………………………………………………

6 【適語選択】
①〜③に適する語を [　　] 内から選びましょう。

A: Tomorrow ①[is / are / am] my birthday, Koji.
B: I know. I ②[have / has / having] something for you.
A: Oh, really? Thanks. I'm going to have a birthday party at my house tomorrow.
　　 Can you bring it there?
B: OK. What time ③[do / does / did] the party start?
A: At two o'clock.

　　　　　　　　　①[　　　　　　]　②[　　　　　　]　③[　　　　　　]

2 中1・中2の復習 ② （過去の文）

攻略のコツ 動詞の過去形，疑問文と否定文の形がよく問われる！

テストに出る！ **重要ポイント**

● 過去の文	● 「〜は…でした」「〜が…しました」と過去のことを言うときには，動詞の**過去形**を使う。 └be動詞 └一般動詞
● be動詞の文（過去）	❶ am, is → was, are → were ❷ 否定文 → was, were のあとに not を入れる。 ❸ 疑問文 → Was, Were で文を始める。
● 一般動詞の文（過去）	❶ 過去形は，主語の人称・数に関係なく同じ形。 ・**規則動詞** …動詞の語尾に ed または d をつける。 ・**不規則動詞**… 1つ1つ形がかわる。 ❷ 否定文 → 動詞の原形の前に did not[didn't] を入れる。 ❸ 疑問文 → Did で文を始める。**動詞は原形**。 答えの文でも did を使う。

Step 1 　基礎力チェック問題

解答▶ 別冊p.3

1 【動詞の過去形】
次の動詞の過去形を[　]に書きましょう。

☑ (1) are [　　　　　]　　☑ (2) is [　　　　　]
☑ (3) enjoy [　　　　　]　　☑ (4) like [　　　　　]
☑ (5) study [　　　　　]　　☑ (6) get [　　　　　]
☑ (7) go [　　　　　]　　☑ (8) run [　　　　　]

2 【過去の文】
適する語を[　]内から選びましょう。

☑ (1) I [am / was / were] fourteen years old last year.
☑ (2) Mike and Tom [don't / wasn't / weren't] happy then.
☑ (3) Kumi [play / plays / played] the piano two hours ago.
☑ (4) We [didn't / don't / weren't] go to the library yesterday.
☑ (5) [Were / Do / Did] you have breakfast this morning?

得点アップアドバイス

1
一般動詞の過去形
一般動詞の過去形には，規則動詞と不規則動詞がある。
【規則動詞の ed のつけ方】

動詞の語尾	つけ方
ふつう	ed
e で終わる	d だけ
子音字＋y	y → ied
短母音＋子音字	1字重ねてed

2
過去を表す語句
・last 〜 （この前の〜）
・〜 ago （〜前）
・yesterday （昨日）
・then （そのとき）
・at that time
（そのとき）

3 【動詞の過去形】

下線部の発音が [d] ならア，[t] ならイ，[id] ならウを書きましょう。

☑ (1) play<u>ed</u> [　　] ☑ (2) start<u>ed</u> [　　] ☑ (3) look<u>ed</u> [　　]

☑ (4) invit<u>ed</u> [　　] ☑ (5) wash<u>ed</u> [　　] ☑ (6) call<u>ed</u> [　　]

4 【be 動詞の文（過去）】

適する語を [　　] に書きましょう。

☑ (1) 彼らはそのとき公園にいました。

They [　　　　　　] in the park [　　　　　　].

☑ (2) 健のお父さんはサッカー選手でしたか。――いいえ，ちがいます。

[　　　　　　] Ken's father a soccer player?

―― No, he [　　　　　　].

☑ (3) この自転車は，2年前は私の姉のものでした。

This bike [　　　　　　] my sister's two years

[　　　　　　].

☑ (4) 彩はそのときひまでしたか。

[　　　　　　] Aya free at that [　　　　　　]?

5 【一般動詞の文（過去）】

適する語を [　　] に書きましょう。

☑ (1) 私の祖母は，私に腕時計をくれました。

My grandmother [　　　　　　] [　　　　　　] a watch.

☑ (2) 私はこの本を読みました。

[　　　　　　] [　　　　　　] this book.

☑ (3) 健は昨日学校に行きませんでした。

Ken [　　　　　　] [　　　　　　] to school yesterday.

☑ (4) あなたは先週かばんを買いましたか。――はい，買いました。

[　　　　　　] you [　　　　　　] a bag last week?

―― Yes, [　　　　　　] [　　　　　　].

6 【動詞の過去形】

英文を日本語にしましょう。

☑ (1) She came to Japan when she was ten.

(　　　　　　　　　　　　　　　　　　　　　　)

☑ (2) What time did you get up this morning?

(　　　　　　　　　　　　　　　　　　　　　　)

得点アップアドバイス

3

ed, d の発音

　動詞の原形の語尾の発音が，[t] [d] のときは，[id] となる。

wanted → [id]

4

【be 動詞の使い分け】

主語	現在	過去
I	am	was
you	are	were
複数	are	were
3人称単数	is	was

5

(1) 「与える，あげる」 = give の過去形は？

(2) 「読む」 = read の過去形は？

疑問文・否定文の動詞は原形だよ。

6

(1) when = 「～のとき」

(2) What time ～? = 「何時に～」

2 中1・中2の復習 ②

11

1 ♪【リスニング】
対話と質問を聞き，質問の答えとしてもっとも適切なものを選びましょう。

(1)　ア　800 yen.　　イ　1,000 yen.　　ウ　1,800 yen.　　エ　8,000 yen.

(2)　ア　　　　　　　イ　　　　　　　　ウ　　　　　　　　エ

2【語形変化】
(　　)内の語を適する形にして[　　]に書きましょう。かえる必要のないものはそのまま書きましょう。

✓よくでる (1) I [　　　　　　　　] at my uncle's house yesterday.　(be)

(2) She [　　　　　　　] a doctor last April.　(become)

(3) Sachi and Mei [　　　　　　　] high school students last year.　(be)

ミス注意 (4) Mr. Suzuki [　　　　　　] Japanese three years ago.　(teach)

(5) Did you [　　　　　　] Kyoto last summer?　(visit)

3【適語補充】
次の日本語に合うように，適する語を[　　]に書きましょう。

(1)　私の父は若いころ，都会に住みたいと思っていました。
　　My father [　　　　　　　　] to live in a big city when he [　　　　　　　　]
　　young.

(2)　健は鳥の写真をたくさん撮りました。
　　Ken [　　　　　　　] a lot of [　　　　　　　] of birds.

(3)　佐藤さんはそのとき，神戸で働いていました。
　　Ms. Sato [　　　　　　　] in Kobe [　　　　　　　].

ハイレベル (4)　彼のお姉さんは，音楽を聞くことが好きではありませんでした。
　　His sister [　　　　　　　] [　　　　　　　] listening to music.

4 【対話文完成】
次の対話文が成り立つように，適する語を[　　]に書きましょう。

(1) *A:* [　　　　　　] [　　　　　　　] go to school last Saturday?
    B: Yes, I went to school last Saturday.

(2) *A:* Were you in the library yesterday afternoon?
    B: No, [　　　　　　] [　　　　　　　]. I [　　　　　] at my friend's house.

ハイレベル (3) *A:* [　　　　　　] [　　　　　　] he [　　　　　　] last night?
    B: He did his math homework.

5 【英文和訳／和文英訳】
次の英文は日本語に，日本文は英語にしましょう。

ミス注意 (1) Hanako read this book.
    (　　　　　　　　　　　　　　　　　　　　　　　　　　　　　　　　　　　　)

(2) 私は自分の部屋のそうじをしませんでした。

_____

ミス注意 (3) だれがこのドアを開けましたか。

_____

入試レベル問題に挑戦

思考 **6** 【内容理解】
次の文は，さやかが夏休みの思い出を発表したときのものです。これを読んで，あとの問いに答えましょう。

　　I went to America last summer. I have a friend there and it was my first time to visit her. Her name is Judy and she lives with her family in a small town.
　　When I visited her, it was very hot. We often went swimming in the river and had barbecue at her house. We also went shopping a lot. The stores in America were very big! I enjoyed my stay in America.　　barbecue：バーベキュー

次の質問に(　　)内の語数の英語で答えましょう。
(1) When did Sayaka visit Judy? （5語）

_____

(2) Was it cool when Sayaka was in America? （3語）

_____

(3) Did Sayaka have a good time in America? （3語）

_____

3 中1・中2の復習 ③ （進行形・未来の文）

攻略のコツ be動詞や動詞のing形が問われる！

テストに出る！ 重要ポイント

● **進行形の文**
❶ 「〜しています」という現在進行形の文は〈am[is, are]＋動詞のing形〉で表す。「〜していました」という過去進行形の文は〈was[were]＋動詞のing形〉で表す。
❷ 否定文はbe動詞（am, is, are, was, were）のあとにnotを入れ，疑問文はbe動詞で文を始める。

● **be going to の文**
❶ 「〜するつもりです」と未来のことを表すときは〈am[is, are]＋going to＋動詞の原形〉で表す。
❷ 否定文はbe動詞のあとにnot，疑問文はbe動詞で文を始める。

● **will の文**
❶ 「〜でしょう」「〜します」と未来のことを表すときは〈will＋動詞の原形〉で表すこともできる。
❷ 否定文はwillのあとにnot，疑問文はWillで文を始める。

Step 1 基礎力チェック問題

解答 別冊p.5

1 【動詞の ing 形】
次の動詞の ing 形を書きましょう。

☑(1) walk [   ] ☑(2) study [   ]
☑(3) make [   ] ☑(4) come [   ]
☑(5) put [   ] ☑(6) swim [   ]

2 【進行形の文】
適する語を[   ]に書きましょう。

☑(1) 私はテレビを見ています。
I [   ] [   ] TV.
☑(2) マークはテレビを見ていました。
Mark [   ] [   ] TV.
☑(3) ジュディーは今，ピアノを弾いていません。
Judy [   ] [   ] the piano now.
☑(4) あなたはその本を読んでいるのですか。
[   ] you [   ] the book?

得点アップアドバイス

1
動詞の ing 形
【ing のつけ方】

動詞の語尾	つけ方
ふつう	ing
eで終わる	eをとってing
〈短母音＋子音字〉	語尾の1字を重ねてing

3 【be going to の文】
適する語を [   ] に書きましょう。

得点アップアドバイス

☑(1)　私は明日，テニスをするつもりです。

I'm [   ] [   ] play tennis tomorrow.

☑(2)　ボブはその CD を買うつもりです。

Bob is [   ] [   ] [   ] the
CD.

☑(3)　私はその山に登るつもりはありません。

I'm [   ] [   ] [   ] climb
the mountain.

☑(4)　あなたは放課後，英語を勉強するつもりですか。
　　　——はい，そのつもりです。

[   ] you [   ] [   ] study
English after school? —— Yes, I [   ].

☑(5)　アンは今週末，どこを訪れるつもりですか。
　　　——彼女は奈良を訪れるつもりです。

Where [   ] Ann [   ] [   ]
visit this weekend?
　　　—— She's [   ] [   ] visit Nara.

③……………………
(2)　主語が3人称単数でも be going to のあとの動詞はいつも原形。

(4)　be going to の疑問文には，ふつうの be 動詞の疑問文と同じように，be 動詞を使って答える。

4 【will の文】
適する語句を [   ] 内から選びましょう。

☑(1)　あなたが忙しいのなら，私が手伝います。

[I'm / I'll / I'm going] help you if you're busy.

☑(2)　明日，リサは映画を見に行くでしょう。

Lisa will [go / goes / going] to the movies tomorrow.

☑(3)　次の日曜日は晴れるでしょう。

It will [be / is / was] sunny next Sunday.

☑(4)　彼らはパーティーに来ないでしょう。

They [aren't / don't / won't] come to the party.

☑(5)　あなたは明日，5時までに戻りますか。——はい，戻ります。

[Are / Do / Will] you come home by five tomorrow?
　　　—— Yes, I [am / do / will].

☑(6)　明日の今ごろ，私は図書館で勉強しているでしょう。

I [was / will / will be] studying in the library about this time
tomorrow.

④……………………
(2)　主語が3人称単数でも will のあとの動詞はいつも原形。

(3)　be 動詞の原形は be。

(4)　will not の短縮形は won't。

(6)　未来の進行形は〈will be＋動詞の ing 形〉にする。

1 ♪【リスニング】

(1)は，イラストを参考に英文を聞き，イラストの説明としてもっとも適切なものを選びましょう。(2)は，会話とそれに関する質問が流れます。質問の答えとしてもっとも適切なものを選びましょう。

(1)

[　A　　B　　C　　D　]

(2)　ア　It will be sunny.
　　イ　It will be rainy.
　　ウ　It will be cloudy.
　　エ　It will be hot.

2 【語形変化】

(　　)内の語を適する形にして，[　　]に書きましょう。かえる必要のないものはそのまま書きましょう。

✓よくでる (1)　Helen and Sayaka are [　　　　　　　] in the park now.　(run)
(2)　My father [　　　　　　　] cooking dinner when I came home.　(be)
(3)　Maki is going to [　　　　　　　] tennis with us tomorrow.　(practice)
(4)　James will be [　　　　　　　] his room after dinner tonight.　(clean)

3 【適語補充】

次の日本語に合うように，適する語を[　　]に書きましょう。

(1)　健と私はテレビでサッカーの試合を見ています。
　　Ken and I [　　　　　　　] [　　　　　　　] a soccer game on TV.

ミス注意 (2)　アンはそのとき，プールで泳いでいました。
　　Ann [　　　　　　] [　　　　　　　] in the pool then.

(3)　私たちは明日，買い物に行く予定です。
　　We're [　　　　　] [　　　　　　] [　　　　　　] shopping tomorrow.

(4)　あなたはどれくらいここに滞在する予定ですか。
　　How long [　　　　　] you [　　　　　　] [　　　　　　] stay here?

✓よくでる (5)　あなたは明日，ひまですか。
　　[　　　　　　] you [　　　　　　] free tomorrow?

4 【並べかえ】
次の日本文の意味を表す英文になるように，（　　）内の語句を並べかえましょう。

(1) 私は，北海道にスキーをしに行くつもりです。
(skiing / go / going / in / to / I'm) Hokkaido.

_____ Hokkaido.

✔よくでる (2) 明日の天気はどうですか。
(weather / will / how / be / the) tomorrow?

_____ tomorrow?

(3) 私たちがトムの家を訪れたとき，彼は音楽を聞いていました。
(listening / when / music / Tom / to / was) we visited him.

_____ we visited him.

5 【和文英訳】
次の日本文を英語にしましょう。

✔よくでる (1) あなたは今，何をしていますか。

_____

(2) キャシー（Cathy）はいつ，カナダに帰る予定ですか。

_____

(3) 明日は雪が降るでしょう。

_____

入試レベル問題に挑戦 ‥‥‥‥‥‥‥‥‥‥‥‥‥‥‥‥‥‥

6 【適文選択】
[　　]に適する文を選びましょう。

A: Do you have any plans for summer vacation?
B: Yes. I'm going to go to France.
A: What are you going to do there?
B: [　　　　　　　　]
A: That's great. You'll have a good time.

ア　I'm going to visit some museums.
イ　I'm going there by plane.
ウ　I'll be there for a week.
エ　It'll be coming soon.

4 中1・中2の復習 ④（比較の文）

攻略のコツ 比較級・最上級の変化形が問われる！

テストに出る！ 重要ポイント

- 比較級の文
  - ❶ 「…より〜」は，〈比較級＋than …〉で表す。
  - ❷ 比較級は形容詞や副詞の語尾に er をつける。つづりの長い語は前に more をつける。

- 最上級の文
  - ❶ 「…の中でいちばん〜」は，〈the＋最上級＋of[in] …〉で表す。
  - ❷ 最上級は形容詞や副詞の語尾に est をつける。つづりの長い語は前に most をつける。

- as 〜 as …の文
  - ❶ 「…と同じくらい〜」は，as 〜 as …で表す。
  - ❷ 否定の not as 〜 as …は「…ほど〜でない」の意味になる。

- 「BよりAが好き」
  - ❶ 「BよりAが好き」は like A better than B で表す。
  - ❷ 「(…の中で)Aがいちばん好き」は like A the best（of [in] …）で表す。

Step 1 基礎力チェック問題

解答▶ 別冊p.7

1 【比較級・最上級】
次の形容詞の比較級，最上級を書きましょう。

		比較級		最上級
☑(1)	old	[	] ― [	]
☑(2)	nice	[	] ― [	]
☑(3)	busy	[	] ― [	]
☑(4)	hot	[	] ― [	]
☑(5)	careful	[	] ― [	]

2 【比較の文】
適する語句を[   ]内から選びましょう。

☑(1) 私は母よりも背が高いです。

I'm [tall / taller / the tallest] [than / in / of] my mother.

☑(2) ジムは家族の中でいちばん背が高いです。

Jim is [tall / taller / the tallest] [than / in / of] his family.

得点アップアドバイス

1
比較級・最上級
【er，est のつけ方】

語尾	つけ方
ふつう	er, est
e で終わる	r, st
〈子音字＋y〉	y → ier, iest
big, hot など	語尾の1字を重ねて er, est

2
(1) 比較級の「…よりも」は than …。
(2) 最上級の「…の中で」は，〈of＋複数を表す語句〉か，〈in＋場所や範囲〉。

3 【比較の文】

（　　）内の語を適する形にして［　　］に書きましょう。

☑ (1) 私のねこはあなたのより大きいです。　（big）

My cat is ［　　　　　　　　］ than yours.

☑ (2) 琵琶湖は日本でいちばん大きいです。　（large）

Lake Biwa is the ［　　　　　　　　］ in Japan.

☑ (3) 私は今日，父より早く起きました。　（early）

I got up ［　　　　　　　　］ than my father today.

☑ (4) 健太はピーターより野球がじょうずです。　（well）

Kenta plays baseball ［　　　　　　　　］ than Peter.

☑ (5) この本はあの本よりおもしろいです。　（interesting）

This book is ［　　　　　　］ ［　　　　　　　　］ than that one.

☑ (6) この歌は私のクラスでいちばん人気があります。　（popular）

This song is the ［　　　　　　］ ［　　　　　　　　］ in my class.

3 ················
(4) good と well は，
better － best と不規則
に変化する。

4 【比較の文】

適する語を［　　］に書きましょう。

☑ (1) 私は赤よりピンクが好きです。

I like pink ［　　　　　　　］ ［　　　　　　　］ red.

☑ (2) 私はすべての教科の中で数学がいちばん好きです。

I like math the ［　　　　　　］ ［　　　　　　　］ all the

subjects.

☑ (3) 私はサラと同じくらいの背の高さです。

I am ［　　　　　　］ ［　　　　　　　］ ［　　　　　　　　］ Sarah.

☑ (4) 私の自転車は彼のほど新しくありません。

My bike ［　　　　　　］ ［　　　　　　］ new

［　　　　　　　］ his.

☑ (5) この写真はあの写真より美しいです。

This picture is ［　　　　　　］ ［　　　　　　　］

［　　　　　　　］ that one.

☑ (6) 彼は日本でいちばん有名な歌手の1人です。

He is one of the ［　　　　　　］ ［　　　　　　　］ singers

［　　　　　　　］ Japan.

☑ (7) リンゴとオレンジではどちらのほうが好きですか。

──リンゴのほうが好きです。

［　　　　　　　］ do you like ［　　　　　　　　］, apples

［　　　　　　　］ oranges?

──I like apples ［　　　　　　　　］.

4 ················
(3) as と as の間は変化
しない形（原級）にする。

(4) 「be 動詞 ＋ not」を
短縮形にする。

(6) one of ～ は「～ の
1人」。

(7) 「A と B ではどちら
のほうが好きか」は，
Which do you like
better, A or B? とたずね
る。答えの文では，あと
に than ... が省略されて
いる。

1 ♪ 【リスニング】

(1)は，クラスの生徒にたずねたアンケート結果の円グラフを参考に英文を聞き，説明としてもっとも適切なものを選びましょう。

(2)は，会話とそれに関する質問を聞き，質問の答えとしてもっとも適切なものを選びましょう。

(1)
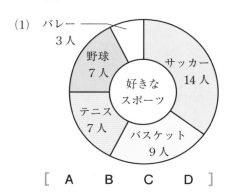
バレー 3人
野球 7人
サッカー 14人
好きなスポーツ
テニス 7人
バスケット 9人

[A　B　C　D]

(2)　ア　Green.
　　　イ　Pink.
　　　ウ　Red.
　　　エ　Blue.

2 【語形変化】

(　　)内の語を適する形にして[　　]に書きましょう。かえる必要のないものはそのまま書きましょう。

✓よくでる (1)　This question is [　　　　　　　] than that one.　（easy）
(2)　Brad is the [　　　　　　　] tennis player in this school.　（good）
(3)　Becky can dance as [　　　　　　　] as her mother.　（well）
(4)　His bike is [　　　　　　　] than mine.　（nice）
(5)　Harry has [　　　　　　　] comic books than Taku.　（many）

3 【適語補充】

次の日本語に合うように，適する語を[　　]に書きましょう。

(1)　私のスマホはあなたのより新しいです。
　　　My smartphone is [　　　　　　　] [　　　　　　　] yours.

ミス注意 (2)　ナイル川（the Nile）は世界でいちばん長い川です。
　　　The Nile is the [　　　　　　　] [　　　　　　　] [　　　　　　　] the world.

(3)　あなたにとって，お金と愛情ではどちらが大切ですか。
　　　Which is [　　　　　　] [　　　　　　　] for you, money [　　　　　　　] love?

✓よくでる (4)　彼の考えは彼女の考えと同じくらいよいです。
　　　His idea is [　　　　　　] good [　　　　　　　] hers.

4 【並べかえ】
次の日本文の意味を表す英文になるように，（　）内の語句を並べかえましょう。

(1) 私はこのセーターよりあのセーターのほうが好きです。
　　I (that sweater / this one / better / like / than).

　　I _____.

✓よくでる (2) あなたはどの季節がいちばん好きですか。
　　Which (you / season / the / like / do / best)?

　　Which _____?

(3) これがこれらの5冊の本の中でいちばん役に立ちます。
　　This (these / of / most / useful / is / the) five books.

　　This _____ five books.

5 【和文英訳】
次の日本文を英語にしましょう。

✓よくでる (1) 富士山（Mt. Fuji）は日本でいちばん高い山です。

　　_____

(2) 私の町はこの町ほど有名ではありません。

　　_____

(3) もっとゆっくり話してくれませんか。

　　_____

入試レベル問題に挑戦 ···

思考
6 【適語補充】
右の表の内容に合うように，[　]に適する語を書きましょう。

(1) Lisa is the [　　　　　　　] of the four.
(2) Kate is [　　　　　] old [　　　　　　　] Aki.
(3) Aki is [　　　　　] than Yuka.
(4) Yuka is the [　　　　　　] of the four.
(5) Who is the tallest of the four?
　　── [　　　　　] is.

名前	年齢	身長
Lisa	18歳	164 cm
Kate	16歳	170 cm
Aki	16歳	158 cm
Yuka	14歳	158 cm

5 受け身 ① (「〜される」の文)

リンク
ニューコース参考書
中3英語
p.56〜62

攻略のコツ　過去分詞の形と語順がよく問われる！

テストに出る! 重要ポイント

◎ **過去分詞の形**
- ❶ 規則動詞…動詞の原形の語尾に **ed**，または **d** をつける。（過去形と同じ）
- ❷ 不規則動詞…build → built のように，**1語1語異なる。**

◎ **受け身の文の形**
- ❶ 〈be 動詞＋過去分詞〉で表し，「〜される」，「〜された」という意味。
- ❷ be 動詞は主語と，現在・過去によって使い分ける。
- ❸ 動作をする人を表して「〜によって」は，**by 〜** を使う。

◎ **ふつうの文と受け身の文のちがい**

ふつうの文　　She 　made 　the cake.
（彼女がそのケーキを作りました。）

受け身の文　　The cake was made by her.
（そのケーキは彼女によって作られました。）

Step 1　基礎力チェック問題

解答▶ 別冊p.8

1 【過去分詞の形】
次の動詞の過去分詞を [　] に書きましょう。

- ☑ (1) play 　[　]
- ☑ (2) use 　[　]
- ☑ (3) visit 　[　]
- ☑ (4) give 　[　]
- ☑ (5) see 　[　]
- ☑ (6) hold 　[　]

2 【受け身の文の形】
適する語を [　] 内から選びましょう。

- ☑ (1) これらの車は日本で作られました。
  These cars were [make / made / making] in Japan.
- ☑ (2) この手紙は日本語で書かれています。
  This letter is [write / wrote / written] in Japanese.
- ☑ (3) 私たちの学校は，50年前に建てられました。
  Our school [is / was / were] built 50 years ago.
- ☑ (4) 英語は多くの人々に話されています。
  English is spoken [in / by / with] many people.

得点アップアドバイス

1
(1)〜(3)は規則動詞，(4)〜(6)は不規則動詞。

2
be 動詞のあとに一般動詞が続くのは，次の2つの場合。
- ・進行形
  〈be 動詞＋ing 形〉
- ・受け身
  〈be 動詞＋過去分詞〉

3 【受け身の文の形】

適する語を [   ] に書きましょう。

☑ (1) この国では中国語が話されています。

Chinese [   ] [   ] in this country.

☑ (2) 私たちの部屋は，昨日そうじされました。

Our room [   ] [   ] yesterday.

☑ (3) トムとベッキーは，パーティーに招待されました。

Tom and Becky [   ] [   ] to the party.

☑ (4) この歌は若者に愛されています。

This song [   ] [   ] by young people.

☑ (5) あの写真はマイクによって撮られました。

That picture was [   ] [   ] Mike.

4 【ふつうの文と受け身の文のちがい】

ふつうの文は受け身の文に，受け身の文はふつうの文に書きかえるとき，適する語を [   ] に書きましょう。

☑ (1) They eat noodles for breakfast in their country.

Noodles [   ] [   ] for breakfast in their country.

noodles：めん類

☑ (2) Our teacher introduced a new student.

A new student [   ] [   ] by our teacher.

☑ (3) Math is taught by Ms. Kondo.

Ms. Kondo [   ] [   ].

☑ (4) This machine was invented by him.

[   ] [   ] this machine.

5 【ふつうの文と受け身の文のちがい】

英文を日本語にしましょう。

☑ (1) They used this room last week.

(   )

☑ (2) This room was used last week.

(   )

☑ (3) Yumi washed the dishes.

(   )

☑ (4) The dishes were washed by Yumi.

(   )

（右段）

得点アップアドバイス

3

(3) **複数の主語**

A and B は複数を表す。主語が複数の場合の be 動詞は何かを考えてみよう。

▼不規則動詞

① ABC 型（3つとも異なる）

speak － spoke － spoken
write － wrote － written

② ABB 型（過去形と過去分詞が同じ）

make － made － made
say － said － said

③ ABA 型（原形と過去分詞が同じ）

come － came － come
run － ran － run

4

(1)(2) ふつうの文→受け身の文に。be 動詞のあとに過去分詞を続ける形に。

(2) 動作をする人は by ～で表す。

(3)(4) **現在か過去か**

受け身の文→ふつうの文に。be 動詞から，現在か過去かを判断しよう。

5

受け身の文の意味

ふつうの文は「…は～する／した」，受け身の文は「…は（―によって）～される／された」という日本語になる。

5 受け身 ①

23

1 ♪【リスニング】
イラストを参考に英文を聞き，イラストの説明としてもっとも適切なものを選びましょう。

(1)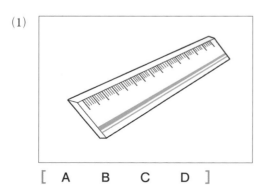

[A 　B 　C 　D]

(2)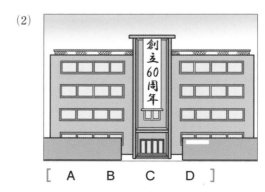

[A 　B 　C 　D]

2 【語形変化】
次の（　）内の語を適する形にして [　] に書きましょう。

✓よくでる (1)　Kyoto is [　　　] by a lot of people every year. （visit）

✓よくでる (2)　English is [　　　] in many countries. （speak）

ミス注意 (3)　These books are [　　　] by many young people. （read）

✓よくでる (4)　His songs are [　　　] in many languages. （sing）

✓よくでる (5)　The river can be [　　　] from here. （see）

3 【絵を見て説明する】
絵に示されているものを説明する英文になるように，（　）内の日本語を参考にして [　] に適する語を書きましょう。

This is *sumo*, a Japanese sport.
The *sumo* wrestlers [　　　] sometimes
[　　　] "osumo-san" in Japanese.
Now wrestlers from other countries
[　　　] also [　　　] by many
Japanese people.
（これは，日本のスポーツである相撲です。力士はときどき日本語で「おすもうさん」と呼ばれます。現在，外国出身の力士も多くの日本人に愛されています。）

4 【並べかえ】
次の日本文の意味を表す英文になるように，（　　）内の語句を並べかえましょう。
ただし，それぞれの選択肢には使わない語句が１つずつ含まれています。

☑よくでる (1)　この本は森鷗外によって書かれました。
（ book / was / this / by / written / wrote ）Mori Ogai.

_____ Mori Ogai.

(2)　その手紙は昨日送付されました。
（ was / letter / send / sent / the ）yesterday.

_____ yesterday.

ハイレベル (3)　東京駅は人で埋めつくされていました。
（ fill / filled / people / Tokyo Station / with / was ）

_____

5 【和文英訳】
次の日本文を英語にしましょう。

(1)　その祭りは毎年開催されます。　　　　　　　　　　　　祭り：festival　開催する：hold

_____

(2)　たくさんの魚が彼によってつかまえられました。

_____

ミス注意 (3)　この寺は 200 年前に建てられました。　　　　　　　　　　　　　　　寺：temple

_____

ハイレベル (4)　この机は明日使われるでしょう。

_____

入試レベル問題に挑戦 ……………………………………………

6 【部分的な和文英訳】
次の下線部の日本文を英語にしましょう。

A: Wow, these trees with small pink flowers are so beautiful!
　　We don't have this kind of tree in my country.
B: They're cherry trees. それらは，日本語で「さくら」と呼ばれています。

_____

6 受け身 ② （否定文・疑問文）

リンク
ニューコース参考書
中3英語
p.63〜65

攻略のコツ 否定文はnotの位置が，疑問文は文の形と答え方がよく問われる！

テストに出る！ 重要ポイント

- **受け身の否定文**
  - ● be 動詞のあとに not を入れる。
    This picture was **not** taken by Ken.
    （この写真は健によって撮られたものではありません。）

- **受け身の疑問文**
  - ● be 動詞で文を始める。答えの文でも be 動詞を使う。
    This picture **was** taken by Ken.

    Was this picture taken by Ken?
    —— Yes, it was. / No, it wasn't[was not].
    （この写真は健によって撮られましたか。——はい。／いいえ。）

- **疑問詞のある 受け身の疑問文**
  - ● 疑問詞で疑問文を始め，あとに受け身の疑問文を続ける。
    How many languages are spoken in Canada?
    —— Two.
    （カナダではいくつの言語が話されていますか。——2つです。）

Step 1 基礎力チェック問題

解答 別冊p.9

1 【受け身の否定文】
適する語を[ ]に書きましょう。

(1) 私の家では日本語は話されません。
Japanese [   ] [   ] [   ] in my house.

(2) このメールは英語で書かれていません。
This e-mail [   ] [   ] in English.

(3) この壁は，先週ペンキで塗られませんでした。
This wall [   ] [   ] last week.

(4) 私たちは，彼の家に招待されませんでした。
We [   ] [   ] to his house.

(5) これらの写真はメイによって撮られたものではありません。
These pictures [   ] [   ]
[   ] Mei.

得点アップアドバイス

1
be 動詞の否定文
　He is our teacher. のような be 動詞の文を否定文にするには，be 動詞のあとに not を入れる。受け身の否定文も同じようになる。
(2)〜(5) 空所の数が足りない場合は，短縮形を使おう。

(5) 動作をする人を表す語を補う。

2 【受け身の疑問文】

適する語を[　　　]内から選びましょう。

☑ (1) この自転車は中国で作られましたか。——はい，そうです。

[Did / Does / Was] this bike made in China?

—— Yes, it [did / does / was].

☑ (2) あなたの犬は毎日洗われていますか。

——いいえ，洗われていません。

Is your dog [wash / washed / washing] every day?

—— No, it [isn't / doesn't / wasn't].

☑ (3) その店は先月閉店したのですか。——はい，そうです。

Was the shop [close / closed / closing] last month?

—— Yes, it [is / was / were].

☑ (4) そのニュースはみんなに知られていますか。

——はい，知られています。

Is the news [known / know / knows] to everyone?

—— Yes, it [do / is / isn't].

☑ (5) 健と彼の弟は，彼らのおばあさんに世話をしてもらっていますか。

——いいえ，ちがいます。

Are Ken and his brother [takes / took / taken] care of by their

grandmother?

—— No, they [wasn't / aren't / isn't].

2 ....

be 動詞は現在であれば am, is, are を，過去ならば was, were を主語によって使い分けるよ。

(5) 「～の世話をする」は take care of ～。take の過去分詞はどれか考えよう。

3 【疑問詞のある受け身の疑問文】

適する語を[　　　]に書きましょう。

☑ (1) この機械はどのように使われるのですか。

How [　　　　　　　] this machine [　　　　　　　]?

☑ (2) これはいつ発明されましたか。—— 1963 年です。

[　　　　　　] [　　　　　　] this [　　　　　　]?

—— In 1963.

☑ (3) この国では何語が話されていますか。——スペイン語です。

[　　　　　　] language [　　　　　] [　　　　　　　] in

this country?

—— Spanish [　　　　　　].

☑ (4) どちらの本が漱石によって書かれましたか。——こちらです。

[　　　　　] [　　　　　　　] was [　　　　　　] by

Soseki?

—— This one [　　　　　　].

3 ....

疑問詞の位置

疑問詞のある疑問文は，必ず疑問詞から始まる。

(2) 「発明する」は invent。

(3)(4) 答えの文でも be 動詞を使う。be 動詞のあとに省略されている語句を考えるとわかりやすい。

1 ♪【リスニング】
対話文と質問を聞き，質問の答えとしてもっとも適切なものを選びましょう。

(1)　ア　By Jack's father.　　イ　In France.
　　 ウ　In Italy.　　　　　　エ　Last month.

(2)　ア　　　　　　　イ　　　　　　　ウ　　　　　　　エ

2 【書きかえ】
次の英文を（　　）内の指示にしたがって書きかえましょう。

(1)　This book is read in many countries.（否定文に）

_____

(2)　English is taught by Mr. Kondo this year.（疑問文に）

_____

(3)　These were sent to him by his friends.（疑問文に）

_____

ハイレベル (4)　Deer can be seen <u>in fall</u>.（下線部をたずねる文に）　　　　deer：シカ

_____

3 【英文和訳】
次の英文を日本語にしましょう。

✓よくでる (1)　These letters aren't written in Chinese.
　　（　　　　　　　　　　　　　　　　　　　　　　　　　）
(2)　Was this window broken by Ken?
　　（　　　　　　　　　　　　　　　　　　　　　　　　　）
(3)　Our dog wasn't found in the park.
　　（　　　　　　　　　　　　　　　　　　　　　　　　　）
(4)　Is soccer played in many countries around the world?
　　（　　　　　　　　　　　　　　　　　　　　　　　　　）

4 【並べかえ】

次の日本文の意味を表す英文になるように，（　　）内の語句を並べかえましょう。ただし，それぞれに１つずつ足りない語を補うこと。

(1) 修学旅行は生徒たちによって計画されましたか。
(planned / the school trip / the students / by)

_____

(2) これらの写真はいつ撮られたのですか。
(taken / these / were / pictures)

_____

ハイレベル (3) 今年は，花火大会は開催されるでしょうか。
(the fireworks festival / this / be / year / will)

_____

5 【和文英訳】

次の日本文を英語にしましょう。

✓よくでる (1) この寺はいつ建てられましたか。　　　　　　　　　　　　　寺：temple

_____

(2) ここでは何語が話されていますか。

_____

ミス注意 (3) これらのクッキーは私の母が作ったものではありません。　　クッキー：cookies

_____

 入試レベル問題に挑戦 ┈┈┈┈┈┈┈┈┈┈┈

思考
6 【適文選択】
[　　　]に適する文を選びましょう。

When I visited Montreal last summer, the waiter spoke to me in French. I didn't understand him, and then he spoke to me in English. I asked my Canadian friend, "[　　　　　　　]" She said "Yes."

Montreal：モントリオール
waiter：ウェイター

ア Can you speak Japanese here?

イ We didn't speak French or English here.

ウ Are French and English spoken here?

エ Is only English spoken here?

定期テスト予想問題 ①

時間 ▶ 50分
解答 ▶ 別冊 p.11

得点

/100

出題範囲：受け身

1 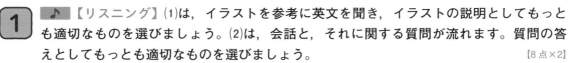 【リスニング】(1)は，イラストを参考に英文を聞き，イラストの説明としてもっとも適切なものを選びましょう。(2)は，会話と，それに関する質問が流れます。質問の答えとしてもっとも適切なものを選びましょう。　　　　　　　【8点×2】

(1)

(2)　ア　One dollar.
　　　イ　Two dollars.
　　　ウ　Four dollars.
　　　エ　Five dollars.

	A	B	C	D
(1)			(2)	

2 次の英文の〔　　〕内から適するものを選び，記号で答えなさい。　　　　　　　【4点×8】

(1) My father's car was 〔 ア making　イ makes　ウ made 〕 in Korea.
(2) The bird can 〔 ア be　イ is　ウ are 〕 seen around here.
(3) French 〔 ア speaks　イ is spoken　ウ is speaking 〕 in this country.
(4) This newspaper 〔 ア is not read　イ not is read　ウ is not reading 〕 in some parts of Japan.
(5) Were those pictures taken by your father?
　　── Yes, 〔 ア they did　イ they were　ウ they weren't 〕.
(6) Maria's birthday party will ①〔 ア held　イ be holding　ウ be held 〕 next Saturday.
　Are you ②〔 ア invited　イ inviting　ウ be invited 〕 to the party?
　　── Yes, I ③〔 ア am　イ do　ウ will 〕.

(1)		(2)		(3)		(4)		(5)	
(6) ①		②		③					

3 次の日本文の意味を表す英文になるように，（　　）内の語句を並べかえなさい。ただし，下線のついた語は適切な形にかえること。 【8点×3】

(1) 私たちの家は5年前に建てられました。

（ was / ago / our house / five / <u>build</u> / years ）

(2) このいすは木でできています。

（ chair / wood / <u>make</u> / this / of / is ）

(3) 私のコンピューターは生徒たちによって使われませんでした。

（ not / the students / my computer / <u>use</u> / by / was ）

(1)	
(2)	
(3)	

4 次の対話文を読んで，あとの問いに答えなさい。 【28点】

Mika: Look! That's Hikari. I'm so excited!

Bill: Uh ... Who's Hikari?

Mika: I can't believe it! You don't know of him?

He is a famous singer. He is ①(know) to many people.

His song was ②(sing) at our school festival last year.

Bill: Well, ③I'm （　　）（　　）（　　） music so much.

know of ～：～のことを知っている

(1) ①，②の（　　）内の語を正しい形にしなさい。 【6点×2】

(2) 下線部③が「私はあまり音楽に興味がありません」という意味になるように，（　　）内に適する語を書きなさい。 【8点】

(3) 本文の内容に合うように，次の質問に英語で答えなさい。 【8点】

Was Mika surprised that Bill didn't know of Hikari?

(1)	①		②	
(2)				
(3)				

7 現在完了形 ① （継続）

攻略のコツ 〈have＋過去分詞〉の形とfor 〜 やsince 〜 の使い方がよく問われる！

テストに出る! 重要ポイント

● 現在完了形
（継続）

● 〈have[has]＋過去分詞〉の形で,「（今まで）ずっと〜している」という意味。be動詞やlive, knowなどの「状態」を表す動詞で使う。

I **have been** in Tokyo since 2010.　[現在まで続いている状態]

（私は2010年から東京にいます。）

● 現在完了進行形

● 〈have[has] been＋動詞のing形〉の形で,「（今まで）ずっと〜している」という意味。進行形になる「動作」を表す動詞で使う。

I **have been running** for an hour.

（私は1時間ずっと走っています。）

● 「継続」でよく使う語　❶ for 〜 （〜の間）…続いている期間の長さ。

　❷ since 〜 （〜以来）…始まった時期。

● 否定文

● have[has]のあとにnotを入れてつくる。

● 疑問文と答え方

● Have[Has]で文を始めて, Have you 〜 ? やHas he 〜 ? などの形にする。答えの文にもhave[has]を使う。

Step 1　基礎力チェック問題

解答　別冊p.11

1 【現在完了形（継続）／現在完了進行形／よく使う語】
適する語句を[　　]内から選びましょう。

☑(1)　トムのお父さんは，昨日からずっと忙しくしています。

Tom's father [was / have / has] been busy [for / since] yesterday.

☑(2)　美紀は，長い間新しいラケットをほしがっています。

Miki has [wants / wanted / wanting] a new racket [for / since] a long time.

☑(3)　私は彼を子どものころから知っています。

I [am / have / do] known him [when / since] he was a child.

☑(4)　私たちは5時間ずっと英語を勉強しています。

We've [studying / been studying] English [for / since] five hours.

得点アップアドバイス

1

for と since の使い分け

forのあとには期間を表す語句が, sinceのあとには始まった時期を表す語句や文が続く。

2 【現在完了形（継続）／現在完了進行形】
適する語を [   ] に書きましょう。

☑ (1) 私は1時からずっとひまです。
I [   ] [   ] free since one o'clock.

☑ (2) 健は8歳のときからピアノを弾いています。
Ken [   ] [   ] the piano since he was eight.

☑ (3) 由紀子は2時間ずっとテニスをしています。
Yukiko [   ] [   ] [   ] tennis for two hours.

☑ (4) ジョンと私は2017年から知り合いです。
John and I [   ] [   ] each other since 2017.

3 【否定文】
適する語を [   ] に書きましょう。

☑ (1) 私はこの月曜日からずっと忙しくありません。
I [   ] [   ] [   ] busy since this Monday.

☑ (2) 彼らは長い間さくらに会っていません。
They [   ] [   ] Sakura for a long time.

☑ (3) 久美は先週の日曜日から彼女のお父さんと話していません。
Kumi [   ] [   ] with her father since last Sunday.

☑ (4) 彼は今朝から何も食べていません。
He [   ] [   ] anything since this morning.

4 【疑問文】
次の文を疑問文に書きかえるとき, 適する語を [   ] に書きましょう。

☑ (1) Mr. Hill has lived in this house since 2003.
→ [   ] Mr. Hill [   ] in this house since 2003?

☑ (2) You have been a soccer fan since you were five.
→ [   ] you [   ] a soccer fan since you were five?

☑ (3) Aya has been running for an hour.
→ [   ] Aya [   ] running for an hour?

得点アップアドバイス

2
現在完了形の形
〈have [has] ＋過去分詞〉で表す。

現在完了進行形の形
〈have [has] been＋動詞の ing 形〉で表す。

(4) 「知り合いです」→「おたがいにずっと知っています」と考えよう。

3
空所の数が足りないときは, 短縮形を使おう。
have not → haven't
has not → hasn't

(4) not anything で「何も〜ない」の意味。

4
現在完了形の疑問文
Have や Has で文を始めて, Have you 〜?, Has he 〜? などの形に。Do, Does, Did は使わない。

1 ♪ 【リスニング】
(1)は，イラストを参考に英文を聞き，イラストの説明としてもっとも適切なものを選びましょう。(2)は，会話とそれに関する質問を聞き，質問の答えとしてもっとも適切なものを選びましょう。

(1)

Eric

[A　B　C　D]

(2)　ア　For 2 hours.
　　　イ　For 3 hours.
　　　ウ　For 5 hours.
　　　エ　For 10 hours.

2 【書きかえ】
次の英文を（　　）内の指示にしたがって書きかえましょう。

ミス注意 (1)　Kate lives here. （since last January を加えて現在完了形の文に）

_____

(2)　I have played soccer since I was eight. （否定文に）

_____

ミス注意 (3)　Akira has known Yuta <u>for ten years</u>. （下線部をたずねる文に）

_____

3 【並べかえ】
次の日本文の意味を表す英文になるように，（　　）内の語句を並べかえましょう。

(1)　私は長い間この腕時計がほしかったのです。
　　　(long / I've / this watch / a / wanted / for) time.

_____ time.

(2)　この前の土曜日からずっと雨が降っています。
　　　(raining / since / it / been / has) last Saturday.

_____ last Saturday.

✓よくでる (3)　さくらはどのくらいの間，京都に住んでいますか。
　　　(long / Sakura / lived / how / has / in) Kyoto?

_____ Kyoto?

思考

4 【対話文完成】

次の対話文が成り立つように，適する語を[　　　]に書きましょう。

(1) *A:* [　　　　　] [　　　　　　　　　] played tennis since you were a child?
　　B: [　　　　　], I [　　　　　　]. I started playing it when I was five.

(2) *A:* [　　　　　] [　　　　] [　　　　　　] your mother known
　　　　Ms. Hill?
　　B: For five years.

ハイレベル (3) *A:* [　　　　] Yukiko [　　　　　　] free since this morning?
　　B: [　　　　], she [　　　　　]. She has nothing to do today.

5 【和文英訳】

次の日本文を英語にしましょう。

(1) 私はこの自転車を 2 年間ずっとほしいと思っています。

_____

(2) あなたは今朝からずっとテレビを見ているのですか。

_____

(3) 私たちはナンシー（Nancy）が日本に来てからずっとよい友達です。

_____

入試レベル問題に挑戦

6 【語形変化】

(　　)内の語をもっとも適する形にして[　　　]に書きましょう。かえる必要のないもの
はそのまま書きましょう。

A: Tomorrow evening I am going to ①(play) the piano in a concert. Can you
　　come?

B: A piano concert? I didn't know you could play the piano.
　　How long have you ②(play) it?

A: For more than 10 years.

B: Wow, that's great!

　　　　　　　　　　　　　①[　　　　　　　] ②[　　　　　　　]

7　現在完了形①

現在完了形 ② （経験）

リンク
ニューコース参考書
中3英語
p.78〜83

攻略のコツ never を使った否定文や，ever を使った疑問文がよく問われる！

テストに出る！ **重要ポイント**

● **現在完了形（経験）**

❶ 〈have[has]＋過去分詞〉は「（今までに）〜したことがある」と，過去から現在までの**経験**も表す。
　　I **have read** this book once.
　　（私はこの本を1回読んだことがあります。）

❷ have been to 〜は「〜へ行ったことがある」の意味。

● **「経験」の文でよく使う語句**

once（1回）， 　twice（2回）， 　〜 times（〜回），
before（以前に）， ever（今までに）， never（一度も〜ない）

● **否定文**

● have[has]のあとに never や not を入れてつくる。「（今までに）〜したことがない」という意味。

● **疑問文**

● Have[Has]で文を始める。「（今までに）〜したことがありますか」という意味。
※回数をたずねるときは，**How many times 〜?**（何回〜）を使う。

Step 1　基礎力チェック問題

解答 別冊p.13

1 【現在完了形（経験）】
次の英文の日本語訳として，適するものを選びましょう。

☑ (1) I have played the video game once.
　　ア　私はそのテレビゲームをずっとしています。
　　イ　私はそのテレビゲームを1回したことがあります。

☑ (2) Mike has wanted to visit Kyoto for a long time.
　　ア　マイクは長い間京都を訪れたいと思っています。
　　イ　マイクは京都を何回も訪れたことがあります。

☑ (3) Have you been to Australia?
　　ア　あなたはオーストラリアに行ったことがありますか。
　　イ　あなたはオーストラリアにいますか。

☑ (4) I have never read this book.
　　ア　私は一度この本を読んだことがあります。
　　イ　私は一度もこの本を読んだことがありません。

得点アップアドバイス

1
(1) once（1回）に着目。

(2) for a long time は，「継続」の現在完了形でよく使われる。

(3) have[has] been to 〜 の意味を正しくとらえよう。

(4) never（一度も〜ない）に着目。

2 【「経験」でよく使う語句】
適する語を [　　] 内から選びましょう。

(1) 私は健に一度会ったことがあります。
I've met Ken [once / twice].

(2) ケビンは今までに碁をしたことがありますか。
Has Kevin [ever / never] played *go*?

(3) 恵子はロック音楽を一度も聞いたことがありません。
Keiko has [ever / never] listened to rock music.

(4) あなたたちは以前に何か外国語を勉強したことがありますか。
Have you studied any foreign languages [after / before]?

3 【現在完了形（経験）】
適する語を [　　] に書きましょう。

(1) マイクは以前にすしを食べたことがあります。
Mike [　　　　　　] [　　　　　　] sushi before.

(2) 私はアメリカに行ったことがあります。
[　　　　　　] [　　　　　　] to America.

(3) 由美と彼女のお姉さんは，その映画を2回見たことがあります。
Yumi and her sister have [　　　　　] the movie
[　　　　　].

(4) あなたは今までにこの話を聞いたことがありますか。
[　　　　　] you [　　　　　] heard this story?

(5) （(4)の応答として）いいえ，ありません。
No, [　　　　] [　　　　　].

(6) 由紀は自分が一度もまちがいをしたことがないと信じています。
Yuki believes that she [　　　　] [　　　　　] made
any mistakes.

(7) 健は彼のお母さんを何度も手伝ったことがありますか。
[　　　　] Ken [　　　　　] his mother many times?

4 【疑問文】
次の対話文が成り立つように，適する語を [　　] に書きましょう。

(1) *A:* Has he ever seen a koala?
B: Yes, he [　　　　].

(2) *A:* Have you ever met Sarah?
B: No. I've [　　　　] [　　　　　] her.

(3) *A:* [　　　　] [　　　　　] times have you visited Nara?
B: Three times.

得点アップアドバイス

2
いずれも「経験」の現在完了形の文。回数や頻度を表す語句がよく使われる。
【回数を表す語句】

1回	once
2回	twice
3回	three times
何度も	many times

3
ふつう「〜に行ったことがある」は，have been to 〜 を使うよ。

(6) 「まちがいをする」は make a mistake。

4
(1) 現在完了形の疑問文（Have 〜?, Has 〜?）には have, has を使って答える。

(3) times は「〜回」の意味。

1 ♪【リスニング】

(1)は，表を参考に英文を聞き，その説明としてもっとも適切なものを選びましょう。(2)は，会話とそれに関する質問が流れます。質問の答えとしてもっとも適切なものを選びましょう。

(1)

富士山に登った回数	
Akira	0回
Sayaka	0回
Miki	1回
Yuji	3回

[A B C D]

(2) ア Yes. He's been there once.
イ Yes. He's been there twice.
ウ Yes. He's been there three times.
エ No. He's never been there.

2 【適語補充】

次の日本語に合うように，適する語を[　]に書きましょう。

✓よくでる (1) 私は4回北海道に行ったことがあります。
I've [　　　　] [　　　　　　] Hokkaido four [　　　　　].

✓よくでる (2) 私は今までにそんなに高い靴を買ったことがありません。
I've [　　　　] [　　　　　　] such expensive shoes.

(3) 健のお父さんは，以前ここで働いたことがあります。
Ken's father [　　　　] [　　　　　] here [　　　　].

(4) あなたは今までに人前で泣いたことがありますか。　　　　　　　人前で：in public
[　　　　] you [　　　　　] [　　　　　] in public?

3 【和文英訳】

次の日本文を，（　）内の語を使って，英語にしましょう。

✓よくでる (1) 彼らは一度沖縄に行ったことがあります。(been, once)

(2) トム(Tom)は以前，東京に住んだことがあります。(lived, before)

ミス注意 (3) さくら(Sakura)は一度も彼に手紙を書いたことがありません。(never)

(4) あなたは今までにフルートを吹いたことがありますか。(ever, flute)

4 【並べかえ】

次の日本文の意味を表す英文になるように，（　）内の語句を並べかえましょう。ただし，それぞれに１つずつ足りない語を補うこと。

(1) 私はおじの家に泊まったことが何度もあります。
（ my uncle / with / I've / many / stayed ）

_____

ミス注意 (2) 明はコーヒーを飲んだことが一度もありません。
（ has / coffee / had / Akira ）

_____

✓よくでる (3) あなたは京都を何回訪れたことがありますか。
（ many / Kyoto / have / visited / you / times ）

_____

_____

5 【和文英訳】

次の日本文を英語にしましょう。

✓よくでる (1) あなたは今までにテニスをしたことがありますか。──はい，あります。

_____

(2) 私は以前，ある有名な歌手に会ったことがあります。

_____

_____

6 【適文選択】

[　]に適する文を選びましょう。

A: Taro, you speak English very well.
B: Thank you. I've studied it for eight years.
[　　　　　　　　] I often talk with my friends there on the phone.
A: Oh, really? That's great.

ア　I've never lived in a foreign country.
イ　I've lived in Canada before.
ウ　Have you ever studied English?
エ　I've wanted to go traveling.

9 現在完了形 ③（完了）

攻略のコツ 「完了」の現在完了形の文に使われる already や yet がよく問われる！

テストに出る! 重要ポイント

● 現在完了形（完了）	● 〈have[has]＋過去分詞〉の形で，「〜したところだ」，「〜してしまった」と，過去に始まった動作や状態が**完了**したことも表す。 I **have** just **finished** breakfast. （私はちょうど朝食を食べ終えたところです。）
● 「完了」の文でよく使う語	just（ちょうど），already（すでに，もう），yet（〈疑問文で〉もう，〈否定文で〉まだ）
● 否定文	● have[has]のあとに not を入れてつくる。「（まだ）〜していない」という意味。
● 疑問文	● Have[Has]で文を始める。「（もう）〜してしまいましたか」という意味。

Step 1 基礎力チェック問題

解答 別冊p.14

1 【現在完了形（完了）】
次の英文の日本語訳として，適するものを選びましょう。

☑ (1) Mike has just cleaned his room.
    ア　マイクは自分の部屋をそうじしたことがあります。
    イ　マイクはちょうど自分の部屋をそうじしたところです。

☑ (2) I've already watched this DVD.
    ア　私はもうこの DVD を見てしまいました。
    イ　私はちょうどこの DVD を見たところです。

☑ (3) Have you finished your homework yet?
    ア　あなたはずっと宿題をしているのですか。
    イ　あなたはもう宿題をすませてしまいましたか。

☑ (4) Keiko hasn't taken a bath yet.
    ア　恵子はもうおふろに入ってしまいました。
    イ　恵子はまだおふろに入っていません。

得点アップアドバイス

1
　ポイントとなる語はjust, already, yet。意味を正しくつかもう。

(3)(4)【yet の 2 つの意味】
　yet は疑問文では「もう」，否定文では「まだ」の意味。

Have you 〜 yet? （もう〜しましたか）
I have not 〜 yet. （まだ〜していません）

2 【現在完了形の文でよく使う語】
適する語を下の◯◯◯内から選び，[　　]に書きましょう。

得点アップアドバイス

2
「もう」は already
かな？ yet かな？

☑ (1) 私たちはもう空港に到着してしまいました。
We have [　　　　　　] arrived at the airport.

☑ (2) ベッキーとメイは昨日からずっと忙しい。
Becky and Mei have been busy [　　　　　　] yesterday.

☑ (3) さくらはもうすべての問題に答えてしまいましたか。
Has Sakura answered all the questions [　　　　　　]?

☑ (4) 私はちょうど夕食を食べ終えたところです。
I've [　　　　　　] finished eating dinner.

☑ (5) ジュディは今までにてんぷらを食べたことがありますか。
Has Judy [　　　　　　] had *tempura*?

ever	yet	just	once	since	already

3 【現在完了形（完了）／「完了」の文でよく使う語】
適する語を[　　]に書きましょう。

3
(1) 「ちょうど」は just
を使う。

☑ (1) 私はちょうど家に帰ったところです。
I've [　　　　] [　　　　　　] home.

☑ (2) 私はちょうどその本を読んだところです。
[　　　　　] just [　　　　　　] the book.

☑ (3) 私はまだ彼からメールを受け取っていません。
I [　　　　　] received his e-mail [　　　　　　].

4 【現在完了形（完了）／「完了」の文でよく使う語】
適する語を[　　]に書きましょう。

4
(1) leave（～ を 出 る，
離れる）を使う。過去分
詞に注意。

☑ (1) 武はちょうど家を出たところです。
Takeshi [　　　　　　] just [　　　　　　] home.

☑ (2) 私の姉はすでに CD を聞いてしまいました。
My sister has [　　　　　] [　　　　　　] to the CD.

☑ (3) あなたはもう私たちの新しい先生に会いましたか。
[　　　　　] you [　　　　　　] our new teacher yet?

☑ (4) 彼らは健の犬をまだ見つけていません。
They [　　　　　] found Ken's dog [　　　　　].

(4) 空所の数から，短縮
形を入れる。

☑ (5) 明子はちょうどそのニュースを聞いたところです。
Akiko [　　　　　　] just [　　　　　　] the news.

1 ♪【リスニング】

(1)は，イラストを参考に英文を聞き，その説明としてもっとも適切なものを選びましょう。
(2)は，会話とそれに関する質問を聞き，質問の答えとしてもっとも適切なものを選びましょう。

(1)

[A　　B　　C　　D]

(2)　ア　Yes, he has.
　　イ　Yes, he's already arrived there.
　　ウ　No, not yet.
　　エ　No, he's never decided it.

2 【適語補充】

次の日本語に合うように，適する語を[　　]に書きましょう。

✓よくでる (1)　私はちょうどコンピューターを使い終えたところです。
　　[　　　　　] [　　　　　　　] [　　　　　　　　　] using the computer.

✓よくでる (2)　あなたはもう彼に手紙を送りましたか。
　　[　　　　　　] you [　　　　　　　] a letter to him [　　　　　]?

(3)　幸子はまだ宿題をしていません。
　　Sachiko [　　　　　　] [　　　　　　　] her homework [　　　　　　].

ミス注意 (4)　近藤夫妻はすでにそのダンス教室に参加しています。
　　Mr. and Ms. Kondo [　　　　　　] [　　　　　　　] joined the dance class.

3 【対話文完成】

次の対話文が成り立つように，□に適するものを選びましょう。

(1)　*A:* [　　　　　]
　　B: Yes, I have.　I've already invited him.
　　ア　Has Tom invited you to the party?
　　イ　Did you want to invite Tom to the party?
　　ウ　Have you invited Tom to the party?

(2)　*A:* What will you do at the school festival?　Dance, sing, or perform a play?
　　B: [　　　　　]

play：劇

　　ア　We haven't decided yet.
　　イ　We're still not deciding.
　　ウ　We can't decide, either.

ミス注意 (3) *A:* Has Kota finished cleaning his room?

B: ☐ He still has to put his toys in the box.

ア Sure.　　イ Not yet.　　ウ No, he won't.

4 【書きかえ】
次の英文からまちがいを見つけて，正しい文に書きかえましょう。

(1) 久美子とお母さんは，ちょうどサンドイッチを作ったところです。
Kumiko and her mother has just made some sandwiches.

_____

(2) その電車はもう出発してしまいました。
The train has left yet.

_____

ミス注意 (3) あなたはいつこの本を借りましたか。
When have you borrowed this book?

_____

5 【並べかえ】
次の日本文の意味を表す英文になるように，（　　）内の語を並べかえましょう。
ただし，それぞれの選択肢には使わない語が１つずつ含まれています。

✓よくでる (1) あなたはもう宿題をしましたか。
(done / yet / just / homework / have / your / you)

_____

ミス注意 (2) ジョンのお兄さんはまだここに来ていません。
(not / brother / come / never / John's / yet / here / has)

_____

(3) アンはちょうどお昼ごはんを食べたところです。
(Ann / ate / eaten / just / has / lunch)

_____

入試レベル問題に挑戦 ···

6 【部分的な和文英訳】
次の下線部の日本文を英語にしましょう。

[On the phone]
A: Hello, Kenji. Where are you? <u>私はもう駅に着いたよ。</u>
B: Oh, hi, Aya! I'm on the bus now. I'll be there in five minutes. Sorry!

43

定期テスト予想問題 ②

時間 ▶ 50分
解答 ▶ 別冊 p.16

得点

／100

出題範囲：現在完了形

1 ♪ 【リスニング】(1)は，イラストを参考に英文を聞き，その説明としてもっとも適切なものを選びましょう。(2)は，会話とそれに関する質問が流れます。質問の答えとしてもっとも適切なものを選びましょう。

【8点×2】

(1)

[A　　B　　C　　D]

(2)　ア　I've been free since yesterday.
　　イ　I've already had lunch.
　　ウ　I've never been to the restaurant.
　　エ　I haven't had anything since this morning.

(1)		(2)	

2 次の英文の[　　]内から適するものを選び，記号で答えなさい。

【5点×7】

(1) I have practiced judo [ア for　イ since　ウ when] I was five.
(2) [ア Have　イ Has　ウ Having] Aya ever played tennis?
(3) Mike has been [ア to　イ with　ウ on] Hokkaido once.
(4) They've heard about the man [ア yesterday　イ before　ウ after].
(5) She has [ア yet　イ been　ウ never] eaten *sashimi*.
(6) My brother [ア had hasn't　イ hasn't have　ウ hasn't had] breakfast yet.
(7) We have [ア already　イ ever　ウ yet] cleaned our classroom.

(1)		(2)		(3)		(4)		(5)		(6)		(7)	

44

3 次の日本文の意味を表すように，＿＿＿に適する語を書きなさい。 【6点×4】

(1) 私は真由美を3年間知っています。
I ＿＿＿＿ ＿＿＿＿ Mayumi ＿＿＿＿ three years.

(2) あなたのお父さんは今までにアメリカを訪れたことがありますか。
＿＿＿＿ your father ＿＿＿＿ visited America?

(3) あなたは何回彼に会ったことがありますか。
＿＿＿＿ ＿＿＿＿ ＿＿＿＿ have you met him?

(4) 彼は一度もそこへ行ったことがありません。
He has ＿＿＿＿ ＿＿＿＿ there.

(1)			(2)	
(3)			(4)	

4 次の対話文を読んで，あとの問いに答えなさい。 【計25点】

Mary: ①(have / lived / you / in / ever) a foreign country, Taro?

Taro: No, I haven't. Why?

Mary: Because you speak very good English.
②（あなたはどれくらいの間それを勉強しているのですか。）

Taro: For five years. ③(visit / time / Australia / I / for / long / have / a / to / wanted)

(1) 下線部①，③がそれぞれ次の意味になるように，（　　）内の語を正しく並べかえなさい。 (6点×2)
① 「あなたは今までに外国に住んだことがありますか，太郎。」
③ 「私は長い間オーストラリアを訪れたいと思っています。」

(2) ②の（　　）内の日本文を英語にしなさい。 (8点)

(3) 次の文が本文の内容に合っていれば○，合っていなければ×を書きなさい。 (5点)
・太郎は，オーストラリアで英語を勉強したことがある。

(1)	①	a foreign country, Taro?
	③	
(2)		(3)

45

10 助動詞 ①

攻略のコツ　いろいろな助動詞の意味がよく問われる！

テストに出る！ 重要ポイント

- can, could,
be able to 〜

❶ can は「〜できる」という意味。否定形は cannot[can't]。
can の過去形は could（〜できた）。
❷ be able to 〜 も「〜できる」という意味。
　be動詞の使い分け　現在…am, are, is　過去…was, were

- Can you 〜?,
Can I 〜?

● can の疑問文は Can で文を始めて，Can 〜? の形。
Can you 〜? …「〜してくれますか」（依頼）
Can I 〜? …「〜してもよいですか」（許可）

- may,
May I 〜?

● may は「〜してもよい」「〜かもしれない」という意味。
May I 〜? …「〜してもよいですか」（許可）

- must,
have to 〜

❶ must は「〜しなければならない」という意味。
❷ have to 〜 も「〜しなければならない」という意味。
　主語が3人称単数のときは，has to 〜。
❸ must not は「〜してはいけない」という禁止の文。
　└短縮形は mustn't
❹ don't have to 〜 は「〜する必要はない」という意味。

Step 1　基礎力チェック問題

解答▶ 別冊p.17

1 【can, could, be able to 〜】
適する語を[　]内から選びましょう。

☑(1) ジョンはバスケットボールをじょうずにすることができます。
John can [play / plays] basketball well.
☑(2) 私はスペイン語を話すことができません。
I [could / cannot] speak Spanish.
☑(3) トムは子どものとき，私の兄より速く走ることができました。
Tom [can / could] run faster than my brother when he was a child.
☑(4) 私は最終電車に乗ることができませんでした。
I [can't / wasn't] able to catch the last train.
☑(5) あなたはそのコンピューターを使うことができましたか。
[Could / Were] you able to use the computer?

得点アップアドバイス

1
(1) 助動詞のあとの動詞は原形。

(3) 過去の文であることに注意。

(4) be able to 〜 の否定文は，be動詞のあとに not を入れる。

(5) be able to 〜 の疑問文は，be動詞で文を始める。

2 【Can you ～?，Can I ～?】
適する語を [   ] に書きましょう。

☑ (1) *A:* [   ] [   ] play the piano for me?
　　　 B: OK.
　　　 私のためにピアノを弾いてくれない？ ——いいよ。

☑ (2) *A:* [   ] [   ] use this bike?
　　　 B: Sure.
　　　 この自転車を使ってもいい？ ——いいですよ。

得点アップアドバイス

2

「～してくれますか」
Can you ～? /
Will you ～?
「～してもいいですか」
May I ～? / Can I ～?
(1) 「～してくれますか」
と依頼する言い方。
(2) 「～してもいいです
か」と許可を求める言い
方。

3 【may，May I ～?】
次の英文を日本語にするとき，適する日本語を（   ）に書きましょう。

☑ (1) His story may be true.
　　　 彼の話は（   ）。

☑ (2) Mr. Yamada may not come here today.
　　　 山田さんは，今日はここに（   ）。

☑ (3) May I use your pen?
　　　 あなたのペンを（   ）。

3

may の2つの意味
　may には「～しても
よい」という許可の意味
と，「～かもしれない」
という推量の意味があ
る。

4 【must，have to ～】
適する語を [   ] に書きましょう。

☑ (1) 健は今宿題をしなければなりません。
　　　 Ken [   ] [   ] his homework now.

☑ (2) 私は家に帰らなければなりません。
　　　 I [   ] [   ] [   ] home.

☑ (3) あなたは今日外出してはいけません。
　　　 You [   ] [   ] go out today.

☑ (4) アンは今日部屋をそうじする必要はありません。
　　　 Ann [   ] [   ] [   ] clean
　　　 her room today.

☑ (5) 彼らはそこへ行かなければなりませんか。
　　　 [   ] they [   ] to go there?

4

(4) 「～する必要はない」
は have to ～ の否定文
で表す。
(5) 「～しなければなり
ませんか」は Must ～?
か have[has] to ～ の疑
問文で表す。

実力完成問題

1 ♪【リスニング】
イラストを参考に英文を聞き，最後の文の応答としてもっとも適切なものを選びましょう。

(1) A
B
C
D

(2) A
B
C
D

2 【適語補充】
次の日本語に合うように，適する語を[   ]に書きましょう。

(1) あなたはこれらの質問に答えなければなりません。
You [   ] [   ] these questions.

(2) 幸子はあとでここに来るかもしれません。
Sachiko [   ] [   ] here later.

ミス注意 (3) 私は台所をそうじしなければなりませんでした。
I [   ] to [   ] the kitchen.

ミス注意 (4) トムは，今日は学校に行く必要がありません。
Tom [   ] [   ] [   ] go to school today.

ハイレベル (5) あの男性はトムのお兄さんにちがいありません。
That man [   ] [   ] Tom's brother.

3 【並べかえ】
次の日本文の意味を表す英文になるように，（   ）内の語句を並べかえましょう。
ただし，それぞれの選択肢には使わない語句が1つずつ含まれています。

✓よくでる (1) あなたに質問してもいいですか。
(may / must / a question / I / you / ask)

✓よくでる (2) 彼女は宿題をしなければなりませんか。
(does / have / has / to / she / do / her homework)

ハイレベル (3) 京都を案内してくれませんか。
(may / can / Kyoto / me / around / show / you)

4 【対話文完成】
次の対話文が成り立つように，□に適するものを選びましょう。

(1) *A:* Can I go to see a movie with Yuka after lunch, Mom?

B: □

　　ア　No, I don't want to go.

　　イ　All right, but you have to do your homework first.

　　ウ　Oh, you can come to see me.

ミス注意 (2) *A:* Must I call him today?

B: □

　　ア　No, he mustn't.　　　　イ　Yes, you may.

　　ウ　No, you don't have to.

(3) *A:* □

B: Sure. Here you are.

　　ア　Can you pass me the salt, please?

　　イ　May I call you at eight?

　　ウ　Can I go to the library with you?

5 【和文英訳】
次の日本文を，（　　）内の語を使って英語にしましょう。

(1) 宿題を手伝ってくれますか。（you）

_____

(2) この前の日曜日，私たちはおじに会うことができました。（able）

_____

入試レベル問題に挑戦 ・・

6 【部分的な英文和訳】
次の下線部の英文を日本語にしましょう。

A: May I use your dictionary, Ken? ① I have to write a report about Japanese history.

B: Sure. Just return it when you finish using it.

　　By the way, ② can you come to the baseball game this Saturday?

　　I'm going to play in it.

A: OK.

① (　　　　　　　　　　　　　　　　　　　　　　　　　　　　　　　　　　　　）

② (　　　　　　　　　　　　　　　　　　　　　　　　　　　　　　　　　　　　）

11 助動詞 ②

リンク
ニューコース参考書
中3英語
p.106〜110

攻略のコツ would を使った会話表現や，Shall I[we] 〜?の意味がよく問われる！

テストに出る！ 重要ポイント

● **would を使う表現**
　❶ I'd like 〜. … 「私は〜がほしい（と思う）」(I'd=I would)
　❷ I'd like to 〜. … 「私は〜したい」
　　→ want よりていねいな表現。

● **would を使う表現（疑問文）**
　❶ Would you 〜? … 「〜してくださいませんか」
　　→ Will you 〜? や Can you 〜? よりていねいな表現。
　❷ Would you like 〜?
　　… 「〜がほしいですか」「〜はいかがですか」
　❸ Would you like to 〜? … 「〜しませんか」

● **Shall I[we] 〜?**
　❶ Shall I 〜? … 「〈私が〉〜しましょうか」
　❷ Shall we 〜? … 「〈いっしょに〉〜しましょうか」

Step 1　基礎力チェック問題

解答　別冊p.18

1 【would を使う表現】
次の英文の日本語訳として，適するものを選びましょう。

(1) I'd like a cup of water.
　ア　水を一杯いかがですか。
　イ　私は水が一杯ほしいです。

(2) Would you like some coffee?
　ア　コーヒーはいかがですか。
　イ　私はコーヒーがほしいです。

(3) Would you play the guitar for me?
　ア　私がギターを弾いてもいいですか。
　イ　私のためにギターを弾いてくださいませんか。

(4) Would you like to go shopping with me?
　ア　私といっしょに買い物に行きませんか。
　イ　私に買い物へ行ってもらいたいですか。

(5) I'd like to use your computer.
　ア　あなたのコンピューターを使いたいのですが。
　イ　あなたのコンピューターがほしいのですが。

得点アップアドバイス

1
(1)(5) I'd like 〜. と I'd like to 〜. の意味のちがいに気をつけよう。

(2)〜(4) Would you like 〜?, Would you 〜?, Would you like to 〜? の意味のちがいに気をつけよう。

2 【would を使う表現】

適する語を［　　］に書きましょう。

☑ (1) 私はケーキを1切れほしい。

I'd ［　　　　　　　］ a piece of cake.

☑ (2) 私は鈴木さんの家を訪れたい。

I'd ［　　　　　］［　　　　　　　］ visit Mr. Suzuki's house.

☑ (3) このかばんを運んでいただけますか。

［　　　　　］［　　　　　　　］ carry this bag?

☑ (4) ジュースはいかがですか。

［　　　　　　］［　　　　　　　］ like some juice?

☑ (5) （(4)の応答として）いいえ，結構です。

No, ［　　　　　　］［　　　　　　　］.

☑ (6) 来週の日曜日に，動物園に行きませんか。

［　　　　　　］［　　　　　　　　　　］ like to go to the zoo next Sunday?

3 【Shall I［we］〜?】

適する語を［　　］に書きましょう。

☑ (1) （私が）お皿を洗いましょうか。

［　　　　　］［　　　　　　　］ wash the dishes?

☑ (2) （(1)の応答として）はい，お願いします。

Yes, ［　　　　　　］.

☑ (3) いっしょに図書館へ行きましょうか。

［　　　　　］［　　　　　　　］ go to the library?

☑ (4) （(3)の応答として）いいえ，よしましょう。

No, ［　　　　　］ not.

4 【would を使う表現／ Shall I［we］〜?】

それぞれの問いに適する返答を選びましょう。

☑ (1) Shall I close the door?　　　　　　　　［　　］

☑ (2) Would you like to join our tennis team?　［　　］

☑ (3) Shall we make dinner for Grandmother?　［　　］

　　ア　Yes, let's.

　　イ　Yes, please.

　　ウ　Yes, I'd love to.

得点アップアドバイス

2

「〜がほしい」は I want 〜. でも表せるが，与えられた語や空所の数からほかの表現を考えよう。

I'd は I would の短縮形だよ。

3

応答のしかた

「（私が）〜しましょうか」には，Yes, please.（はい，お願いします。）や No, thank you.（いいえ，結構です。）などで応じる。

また，「いっしょに〜しましょうか」には，Yes, let's.（はい，そうしましょう。）や No, let's not.（いいえ，よしましょう。）などで応じる。

4

(1)「ドアを閉めましょうか。」

(2)「私たちのテニス部に入部しませんか。」

(3)「おばあちゃんのために，夕食を作りましょうか。」

1 ♪【リスニング】

イラストを参考に英文を聞き，最後の文の応答としてもっとも適切なものを選びましょう。

(1)

A
B
C
D

(2)

A
B
C
D

2【適語選択】

次の日本語に合うように，適する語句を[　　]内から選びましょう。

✔よくでる (1)　今日の午後，図書館でいっしょに勉強しましょうか。

Shall [we / I / you] study in the library this afternoon?

✔よくでる (2)　私はあなたと京都へ行きたいのですが。

I'd [want to / have to / like to] go to Kyoto with you.

(3)　この本を読んであげましょうか。

[May I / Can you / Shall I] read this book for you?

(4)　紅茶かコーヒーはいかがですか。

[Could / Would / Will] you like tea or coffee?

3【対話文完成】

次の対話文が成り立つように，□□に適するものを選びましょう。

(1)　*A:* □□□

B: I'd like a glass of water.

ア　What would you like to drink?

イ　Would you like a glass of water?

ウ　Which is your glass?

(2)　*A:* Shall we go to see the baseball game tonight?

B: □□□

ア　Yes, let's.　　イ　No, I don't.　　ウ　Yes, I think so.

ハイレベル (3)　*A:* □□□

B: Sure. I'll make some *onigiri*.

ア　Shall I make lunch for you?

イ　Would you like to go out for lunch with me?

ウ　Would you make lunch for me?

4 【並べかえ】

次の日本語の意味を表す英文になるように，（　　　）内の語句を並べかえましょう。

✓よくでる (1)　あなたの部屋をそうじしましょうか。

（ room / shall / your / I / clean ）

_____

(2)　あなたをパーティーに招待したいのですが。

（ invite / like / you / the party / I'd / to / to ）

_____

(3)　私と踊りませんか。

（ you / to / with / like / me / would / dance ）

_____

ハイレベル (4)　次はいつ会いましょうか。

（ shall / we / when / next / meet ）

_____

5 【英文和訳】

次の英文を日本語にしましょう。

(1)　I'd like to buy a new bike.

（　　　　　　　　　　　　　　　　　　　　　　　　　　　　　　　）

(2)　Shall we watch a soccer game on TV?

（　　　　　　　　　　　　　　　　　　　　　　　　　　　　　　　）

入試レベル問題に挑戦

思考
6 【英作文】

次の￣￣内に入る適切な英文を，￣￣内の語を使って書きましょう。

Mom: Oh, the phone is ringing.

Kumi: ￣￣￣￣answer￣￣￣￣

Mom: Yes, please.

Kumi: OK.

ring：（電話などが）鳴る

定期テスト予想問題 ③

時間 ▶ 50分
解答 ▶ 別冊 p.20

得点

／100

出題範囲：助動詞

1 ♪【リスニング】会話と，それに関する質問が流れます。質問の答えとしてもっとも適切なものを選びましょう。 【9点×2】

(1) ア　Sorry, it's not mine.
　　イ　Sure, go ahead.
　　ウ　My mother is good at cooking.
　　エ　They are sold at that store.

(2) ア　Because he'd like to eat lunch with Meg before going to the museum.
　　イ　Because he'd like to go to the museum before eating lunch.
　　ウ　Because he'd like to go to the museum at noon.
　　エ　Because he'd like to eat dinner after going to the museum.

(1)		(2)	

2 次の日本文に合うように [　] 内から適するものを選び，記号で答えなさい。 【5点×6】

(1) あれは健の辞書にちがいない。
　　That [ア may　イ must　ウ would] be Ken's dictionary.

(2) 窓を開けましょうか。
　　Shall [ア I　イ you　ウ it] open the windows?

(3) あなたのコンピューターを使ってもいいですか。
　　[ア Will　イ Can　ウ Must] I use your computer?

(4) 紅茶を1杯いかがですか。
　　Would you [ア be　イ please　ウ like] a cup of tea?

(5) あなたは英語をじょうずに話します。緊張しなくてもいいです。
　　You speak good English. You don't [ア must　イ may　ウ have] to be nervous.

(6) 彼女が今日，ここに来るかもしれません。
　　She [ア may　イ must　ウ should] come here today.

(1)		(2)		(3)		(4)		(5)		(6)	

3 次の日本文の意味を表す英文になるように，（ ）内の語句を並べかえなさい。 【7点×4】

(1) 今日の午後，買い物に行くのはどうですか。
(like / go / would / to / you / shopping) this afternoon?

(2) 私を病院に連れていっていただけませんか。
(you / take / to / me / the hospital / would)

(3) 私はあなたとパーティーに行きたいのですが。
(I'd / go / the party / to / to / like) with you.

(4) マイクはギターを上手に弾くことができるでしょう。
Mike (the / play / will / to / able / guitar / be) well.

(1)		this afternoon?
(2)		
(3)		with you.
(4)	Mike	well.

4 次の雄二と斉藤先生の対話文を読んで，あとの問いに答えなさい。 【計24点】

Yuji: Ms. Saito, may I come in?

Ms. Saito: Sure. What's the matter?

Yuji: I have a headache.

Ms. Saito: OK. Let me see ...
I'll give you some medicine, and you can get some rest here.
You have to go to bed early tonight.

Yuji: I will. Thank you, Ms. Saito.

get some rest：少し休憩する

(1) 次の質問に主語と動詞のある英語で答えなさい。 (8点)
What does Yuji have to do tonight?

(2) 次の文が本文の内容と合っていれば○，合っていなければ×を書きなさい。 (8点×2)
1. Yuji went to Ms. Saito's room because he had a headache.
2. Ms. Saito didn't do anything for Yuji.

(1)		
(2)	1	2

12 いろいろな不定詞 ①

リンク
ニューコース参考書
中3英語
p.114～118

攻略のコツ 感情の原因を表す不定詞と，〈It … (for＋人) to ～.〉の形が問われる！

テストに出る！ **重要ポイント**

◉ **基本3用法**
● 名詞的用法（～すること），副詞的用法（～するために），形容詞的用法（～するための）の3つ。

◉ **感情の原因を表す副詞的用法**
❶ 不定詞（to＋動詞の原形）の副詞的用法は，「～して…」と，感情の原因を表す用法がある。
I was happy to hear the news.
（私はその知らせを聞いてうれしかった。）
❷ よく使われる形容詞
sad（悲しい），happy（うれしい），glad（うれしい），sorry（残念に思う），surprised（驚く） など。

◉ **〈It … (for＋人) to ～.〉の文**
❶ 〈It … (for＋人) to ～.〉で，「（人にとって）～することは…だ」という意味。この It は「とりあえずの主語」で，本当の主語は to 以下の部分。
❷ 「人」の部分に代名詞がくる場合は，**目的格**にする。

Step 1　基礎力チェック問題

解答 別冊p.21

1 【不定詞の基本3用法】
次の不定詞と同じ用法を含む文を選びましょう。

☑ (1) I'm studying hard <u>to become</u> a doctor. [　]
☑ (2) He was sad <u>to know</u> that she lost the game. [　]
☑ (3) Kumi wants <u>to go</u> to Tokyo. [　]
☑ (4) The child has some books <u>to read</u>. [　]

ア　Kenji's brother has a lot of homework <u>to do</u>.
イ　I like <u>to swim</u> in the river.
ウ　Judy went home early <u>to watch</u> TV.
エ　We were surprised <u>to read</u> the newspaper.

得点アップアドバイス

1
不定詞の働き
・名詞的用法―「～すること」
・形容詞的用法―「～するための」
・副詞的用法―「～するために」
・感情の原因を表す副詞的用法―「～して…」
(2) lose the game は「試合に負ける」。

2 【感情の原因を表す副詞的用法】
適する語を [ ] に書きましょう。

☑ (1) あなたにまた会えて，私はとてもうれしいです。
I'm very [   ] [   ] see you again.

☑ (2) 由美はその手紙を読んで驚きました。
Yumi [   ] [   ] to read the letter.

☑ (3) 私の姉は，その知らせを聞いて悲しくなりました。
My sister was [   ] [   ] [   ]
the news.

3 【〈It … (for＋人) to ～.〉の文】
適する語を [ ] に書きましょう。

☑ (1) クッキーを作ることは楽しいです。
[   ] fun [   ] make cookies.

☑ (2) 健にとって，速く泳ぐことは簡単です。
[   ] easy [   ] Ken to swim fast.

☑ (3) 彼女にとって，毎朝走ることは困難です。
It's hard [   ] [   ] to run every morning.

☑ (4) ほかの文化について学ぶことは重要です。
[   ] [   ] [   ] learn about
other cultures.

4 【〈It … (for ＋人) to ～.〉の文】
例のように，（   ）内の語句を使って「（―にとって）～すること
は…です」という文をつくりましょう。

（例）　私にとって英語を話すことは難しいです。
（ difficult / me / speak English ）
→ It is difficult for me to speak English.

☑ (1) 外国語を勉強することはおもしろいです。
（ interesting / study foreign languages ）

――――――――――――――――――

☑ (2) スポーツをすることは私たちの健康によいです。
（ good / our health / play sports ）　　　　　health：健康

――――――――――――――――――

得点アップアドバイス

2
感情の原因を表す副詞的用法
　happy などの形容詞の
あとに〈to＋動詞の原形〉
が続いて，「～して」と
感情の原因を表す。
【原因を表す不定詞】
| be happy［glad］to ～
～してうれしい |
| be sorry to ～
～して残念だ |
| be sad to ～
～して悲しい |
| be surprised to ～
～して驚いている |

3
(1) It … to ～. の文で，
…の部分には，形容詞の
ほかに fun（楽しいこと）
のような名詞がくること
もある。

(3) **for のあとは目的格**
　for のあとに代名詞が
くる場合は，目的格にな
る。

4
(2) 「私たちの健康に」
は「私たちの健康にとっ
て」と考える。
【It … to ～. でよく使う
形容詞】
good（よい）
bad（悪い）
important（重要な）
difficult［hard］（難しい）
easy（簡単な）
interesting（おもしろい）
necessary（必要な）

1 ♪【リスニング】
対話文と質問を聞き，質問の答えとしてもっとも適切なものを選びましょう。

(1)　ア　A doctor.
　　　イ　A pianist.
　　　ウ　A tennis player.
　　　エ　A scientist.

(2)　ア　Reading books is not popular.
　　　イ　Taku doesn't read books.
　　　ウ　A lot of students play games.
　　　エ　Some students didn't answer her question.

2【適語選択】
次の日本文に合うように，適する語句を[　　]内から選びましょう。

✓よくでる (1)　由美はその知らせを聞いて驚きました。
　　　Yumi was surprised [heard / to hear / hearing] the news.

✓よくでる (2)　私には今あなたと話をする時間がありません。
　　　I have no time [talks / talking / to talk] with you right now.

(3)　あなたにとって英語を書くことは難しいですか。
　　　Is it difficult [for / of / at] you [write / writing / to write] English?

ハイレベル (4)　私を手伝ってくれて，あなたは親切です。
　　　It is kind [for / of / to] you to help me.

3【適語補充】
次の日本文に合うように，適する語を[　　]に書きましょう。

✓よくでる (1)　私たちにとって，朝食を食べることはよいことです。
　　　[　　　　　　　] is good [　　　　　　　] [　　　　　　　] to eat breakfast.

✓よくでる (2)　あなたは将来何になりたいですか。
　　　What do you [　　　　　　　] [　　　　　　　] [　　　　　　　] in the future?

(3)　何か食べるものはありますか。
　　　Do you have anything [　　　　　　　] [　　　　　　　]?

(4)　彼はその手紙を読んで悲しみましたか。
　　　Was he [　　　　　　　] [　　　　　　　] [　　　　　　　] the letter?

ミス注意 (5)　健はあなたがカナダにいると知って驚くでしょう。
　　　Ken will be [　　　　　　　] [　　　　　　　] [　　　　　　　] that you're in Canada.

4 【並べかえ】

次の日本文の意味を表す英文になるように，（　　）内の語句を並べかえましょう。
ただし，それぞれに１つずつ足りない語を補うこと。

✓よくでる (1)　私はこの腕時計を買って，とてもうれしいです。
（ this watch / I'm / happy / buy / very ）

_____

✓よくでる (2)　幸子はその知らせを聞いて残念に思っています。
（ is / hear / Sachiko / the news / to ）

_____

(3)　私の兄は英語を勉強するためにオーストラリアへ行きました。
My brother (to / went / English / Australia / study).

My brother _____.

5 【和文英訳】

次の日本文を，（　　）内の語を使って英語にしましょう。

✓よくでる (1)　私にとってギターを弾くことは簡単です。(it)

_____

(2)　彼の新しい車を見て，私は驚きました。(to)

_____

入試レベル問題に挑戦

6 【文の位置】

次の１文を下の英文中に入れる場合，適する場所を答えましょう。

| It is important to start with little things. |

　　In many countries, garbage disposal is a big problem. 　ア　 Many people just throw away garbage. There is not enough space to put the garbage, and it costs a lot to dispose it. 　イ　 What will happen if we keep producing garbage? 　ウ　 Have you ever thought about it?
　　We can recycle cans, paper, plastic bottles or some other things to reduce the amount of garbage. 　エ　 We have to think about the Earth more.

garbage：ごみ　　disposal：処理　　dispose：〜を処理する　　reduce：〜を減らす　　amount：量

[　　　]

59

13 いろいろな不定詞 ②

🔗 リンク
ニューコース参考書
中3英語
p.119～128

攻略のコツ 〈疑問詞＋to ～〉や，「（人）に～してもらいたい」の形がよく問われる！

テストに出る！ 重要ポイント

- 〈疑問詞＋to ～〉の文 ● 〈疑問詞＋to ～〉が know などの動詞の目的語になる。

  how to ～（～のしかた），what to ～（何を～すればよいか），
  when to ～（いつ～すればよいか）など

  I know **how to use** a computer.
  　　　　knowの目的語
  （私はコンピューターの使い方を知っています。）

- 〈want＋人＋to ～〉
  の文
  ❶「（人）に～してもらいたい」というときは，〈want＋人＋to ～〉の形。
  I **want** you **to** sing.（私はあなたに歌ってほしいです。）
  ❷「人」が代名詞で入る場合は，目的格にする。
  ❸ 同じ形になる動詞：ask，tell など

- 〈too … to ～〉の文 ❶〈too＋形容詞［副詞］＋to ～〉で，「…すぎて～できない」。
  ❷「（人）にとって」と to 以下の動作をする人を表すときは，〈for＋人〉を to の前に入れる。

Step 1　基礎力チェック問題

解答▶ 別冊 p.22

1 【〈疑問詞＋to ～〉の文】
適する語を［　　　］内から選びましょう。

☑(1) 健は図書館への行き方を知っています。
　　Ken knows [what / how / when] to get to the library.

☑(2) 私はいつ出発したらよいかわかりません。
　　I don't know [what / where / when] to leave.

☑(3) ジュディーはどこで切手を買えばよいかたずねました。
　　Judy asked [when / which / where] to buy stamps.

☑(4) 彼は私たちに，次に何をしたらよいか言いました。
　　He told us [what / how / why] to do next.

✍ **得点アップアドバイス**

1
疑問詞の意味
how…どのように（方法）
when…いつ（時）
where…どこ（場所）
what…何

(4) ＳＶＯＯの文。「～を」にあたる部分に〈疑問詞＋to ～〉を使うことができる。

2 【〈疑問詞＋to 〜〉の文】

適する語を[　]に書きましょう。

得点アップアドバイス

☑ (1) 私は彼女に何と言ったらよいかわかりません。

I don't know [　　　　] [　　　　　　] say to her.

☑ (2) 私の父は，私にどちらを選ぶべきか言いました。

My father told me [　　　　] [　　　　　] choose.

☑ (3) ケイトは私にいつ京都を訪れるべきかたずねました。

Kate asked me [　　　　] [　　　　　] visit Kyoto.

☑ (4) たかしはどこで新しいラケットを買えばよいか知っています。

Takashi knows [　　　　] [　　　　] buy a new racket.

☑ (5) あなたはこのカメラの使い方を知っていますか。

Do you know [　　　　] [　　　　　] use this camera?

② ‥‥‥‥‥‥‥
疑問詞を正しく使い分けよう。
(2) 「どちら」と選択するときに使う疑問詞はwhich。

【いろいろな疑問詞＋to 〜】

how to 〜
〜のしかた，〜する方法
what to 〜
何を〜したらよいか
where to 〜
どこに[で]〜したらよいか
when to 〜
いつ〜したらよいか

3 【〈want＋人＋to 〜〉の文】

(　)内の語句を入れるのに，適する場所を選びましょう。

☑ (1) 私はあなたに手伝ってほしいです。

I　want　to　help　me.　（you）
　ア　　イ　　ウ　　エ

☑ (2) リサのお母さんは，リサに部屋をそうじするように言いました。

Lisa's mother　told　to　clean　her room.　（Lisa）
　　　　　　　ア　　イ　　ウ　　エ

☑ (3) 彼らはグリーンさんに，英語を教えてくれるように頼みました。

They　asked　to　teach　them　English.　（Ms. Green）
　　ア　　イ　　ウ　　エ　　オ

③ ‥‥‥‥‥‥‥
want to 〜 は「(主語が) 〜したい」，〈want＋人＋to 〜〉は「(主語が)(人) に〜してほしい」という意味だよ。

4 【〈too … to 〜〉の文】

適する語を[　]に書きましょう。

☑ (1) この英語の本は難しすぎて読めません。

This English book is [　　　　] difficult [　　　　] read.

☑ (2) 寒すぎて，外出できません。

It's [　　　　] cold [　　　　] go out.

☑ (3) 私にはそのかばんは高すぎて買えませんでした。

The bag was too expensive [　　　　] me [　　　　] buy.

④ ‥‥‥‥‥‥‥
(2) go out「外出する」

(3) 「(人) にとって」を表すときは，to の前に〈for＋人〉をおく。代名詞は目的格にする。

1　♪【リスニング】
英文や対話と質問を聞き，質問の答えとしてもっとも適切なものを選びましょう。

(1)　ア　By bike.
　　　イ　By car.
　　　ウ　By bus.
　　　エ　On foot.

(2)　ア　Sure. See you at five.
　　　イ　Sure. I want her to call me soon.
　　　ウ　OK. I'll call you in a few hours.
　　　エ　OK. I'll tell her to do so.

2　【適語補充】
（　　）内の語を入れるのに，適切な場所を選びましょう。

✓よくでる(1)　このコンピューターは古すぎて使えません。
　　　This　computer　is　old　to　use　.　(too)
　　　　ア　　　　イ　ウ　エ オ　カ

(2)　健のおばあさんは，メールの送り方を知りません。
　　　Ken's　grandmother　doesn't　know　to　send an e-mail.　(how)
　　　　ア　　　イ　　　　　ウ　　　エ　　　オ　カ

(3)　彼女の誕生日パーティーに何を持って行ったらよいか教えてください。
　　　Please　tell　me　to　bring　to her birthday party.　(what)
　　　ア　　　イ　ウ　エ　オ　　カ

3　【適語補充】
次の日本文に合うように，適する語を[　　]に書きましょう。

✓よくでる(1)　あなたは私たちに手伝ってほしいですか。
　　　Do you [　　　　　] [　　　　　] [　　　　　] help you?

(2)　この箱は重すぎて，その子どもには運べません。
　　　This box is [　　　　　] heavy for the child [　　　　　] carry.

ミス注意(3)　由美の母は，由美にいつ家に帰ってくるべきかを伝えました。
　　　Yumi's mother told Yumi [　　　　　] [　　　　　] come home.

ミス注意(4)　私は弟に早く寝るように言いました。
　　　I [　　　　　] my brother [　　　　　] [　　　　　] to bed early.

ハイレベル(5)　何語を勉強したらよいか教えてください。
　　　Please tell me [　　　　　] [　　　　　] [　　　　　] study.

4 【並べかえ】
次の日本語の意味を表す英文になるように，（　　）内の語句を並べかえましょう。

✓よくでる (1) この本は難しすぎて読めません。
(read / too / to / is / this book / difficult)

_____

(2) 彼らは鈴木先生に，いつ学校に来ればよいかたずねました。
(they / when / to school / asked / to / Ms. Suzuki / come)

_____

ハイレベル (3) 私たちは彼に車を運転しないように言いました。
(not / drive / we / him / told / to)

_____

_____

5 【和文英訳】
次の日本文を英語にしましょう。

(1) 私の母は，私に毎週自分の部屋をそうじしてほしいと思っています。

_____

(2) あなたはすしの作り方を知っていますか。

_____

(3) その公園は，野球をするには小さすぎます。

_____

_____

入試レベル問題に挑戦 ···

6 【適文選択】
次の空所に適する文を選びましょう。

A: Excuse me. I'd like to go to Midori Station.　①
B: Yes, I do. Take bus No. 5. The bus stop is over there.
A: Can I walk to the station?
B: I don't think so.　②　It takes about 15 minutes by bus.
A: OK. Thank you very much.
B: You're welcome.

ア It's too far to walk. イ Do you want me to come with you?
ウ I don't know which bus to take. エ Do you know how to get there?

①[　　　] ②[　　　]

定期テスト予想問題 ④

時間 ▶ 50分
解答 ▶ 別冊p.24

得点
／100

出題範囲：いろいろな不定詞

1 ♪【リスニング】会話とそれに関する質問が流れます。質問の答えとしてもっとも適切なものを選びましょう。　　　【8点×2】

(1)　ア　The man wanted to know when to go.
　　　イ　The man asked the woman to go to the bus stop.
　　　ウ　The woman wanted the man to ask the way.
　　　エ　The woman knew how to get to the bus stop.

(2)　ア　No, she was very busy in the kitchen.
　　　イ　No, the question was very difficult for her.
　　　ウ　Yes, she was able to solve it.
　　　エ　Yes, she was cooking in the kitchen.

(1)		(2)	

2 次の日本文の意味を表すように，＿＿に適する語を書きなさい。　　　【6点×5】

(1)　トムのお母さんは，彼に部屋をそうじするように言いました。
　　　Tom's mother ＿＿＿＿ him ＿＿＿＿ clean his room.
(2)　どうやってすしを作るか，私に教えてくれますか。
　　　Can you tell me ＿＿＿＿ ＿＿＿＿ make sushi?
(3)　その車は運転するには古すぎます。
　　　That car is ＿＿＿＿ old ＿＿＿＿ drive.
(4)　私はいつ東京を出発したらよいかわかりません。
　　　I don't know ＿＿＿＿ ＿＿＿＿ leave Tokyo.
(5)　あなたたちはその知らせを聞いて驚きましたか。
　　　Were you ＿＿＿＿ ＿＿＿＿ hear the news?

(1)		(2)	
(3)		(4)	
(5)			

3 次の日本語の意味を表す英文になるように，（　　）内の語句を並べかえなさい。 【8点×3】

(1) 私は何をすればよいかわかりませんでした。
　　(didn't / what / I / do / know / to)
(2) 彼女はその手紙を読んで悲しかったです。
　　(sad / she / the letter / to / was / read)
(3) マイクにとって，日本語を書くことは難しい。
　　(Mike / Japanese / difficult / it's / for / to / write)

(1)	
(2)	
(3)	

4 次の対話文を読んで，あとの問いに答えなさい。 【計30点】

Father: Oh, Yumi. You're carrying a big box. ①(私にドアを開けてほしいですか。)
Yumi:　Yes, please. Thank you, Dad.
Father: What's inside the box?
Yumi:　History books. I have to do an assignment about Oda Nobunaga.
　　　　Can you help me with it? ②It is too hard for me to read all of these.
Father: No, Yumi. You have to do it by yourself.

Dad：お父さん　assignment：課題

(1) ①の（　　）内の日本文を英語にしなさい。 (8点)
(2) 下線部②の英文を，these がさすものを明らかにして日本語にしなさい。 (8点)
(3) 次の文が本文の内容と合っていれば○，ちがっていれば×を書きなさい。 (7点×2)
　　1. Yumi asks her father to carry the big box.
　　2. Yumi wants her father to help her with her homework.

(1)		
(2)		
(3)	1	2

14 「AをBにする」

攻略のコツ 〈make [call] A B〉 の語順や意味がよく問われる！

🔗 リンク
ニューコース参考書
中3英語
p.132〜140

テストに出る！ **重要ポイント**

● 「AをBにする」
  の文

❶ make や call はあとに 〈A（目的語）＋ B（補語）〉 を続けることができる。

❷ 補語には**形容詞か名詞**がくる。

The letter <u>made me sad</u> .
　　　　　 ～にする　～を　～に（me＝sad の関係）
（その手紙は私を悲しくさせました。）

❸ 受け身の形で使われることもある。

This **is called a** *yukata*. （これはゆかたと呼ばれます。）

● 補語に形容詞が
  くる場合

make A B … 「A を B（の状態）にする」
keep A B … 「A を B（の状態）に保つ」

● 補語に名詞が
  くる場合

call A B … 「A を B と呼ぶ」
name A B … 「A を B と名づける」

● 補語に動詞が
  くる場合

make A＋動詞の原形 … 「A に〜させる」（強制的に）
let A＋動詞の原形 … 「A に〜させる」（本人が望んで）
help A＋動詞の原形 … 「A が〜するのを手伝う」

Step 1 　基礎力チェック問題

解答▶ 別冊p.25

1 【「AをBにする」の文】
（　　）内の語句を使って，「A を B にした」という文をつくりましょう。

☑ (1) あなたの歌は私をうれしくさせました。
（ your song / me / happy ）

_____

☑ (2) トムは彼女をおこらせました。
（ Tom / her / angry ）

_____

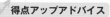
📝 **得点アップアドバイス**

1 ....

makeの あと は
〈目 的 語 ＋ 補 語〉
の語順だよ。

66

2 【「AをBにする」の文】
適する語句を[　　]内から選びましょう。

☑ (1) 私たちは彼をタカと呼びます。
　　　 We [make / call / name] him Taka.
☑ (2) 健は彼の犬をジョンと名づけました。
　　　 Ken [named / called / kept] his dog John.
☑ (3) あなたの手紙は私をいつもうれしくさせます。
　　　 Your letters always make [I / my / me] happy.
☑ (4) その箱が，食べ物を冷たい状態に保ちます。
　　　 The box keeps [the food cool / cool the food].

得点アップアドバイス

2
(4) keep も「AをB（の状態）に保つ」という意味で，あとに〈目的語＋補語〉を続けることができる。
【svoc の文型をつくる動詞】

call	…を～と呼ぶ
name	…を～と名づける
make	…を～にする
keep	…を～に保つ
leave	…を～にしておく
find	…が～とわかる

14 「AをBにする」

3 【「AをBにする」の文】
適する語を[　　]に書きましょう。

☑ (1) その写真は田中さんを有名にするでしょう。
　　　 The picture will [　　　　　] Mr. Tanaka [　　　　　　].
☑ (2) 私の友達は私をモエと呼びます。
　　　 My friends [　　　　] [　　　　　] Moe.
☑ (3) 私に彼を紹介させてください。
　　　 Please [　　　　] [　　　　　] introduce him to you.
☑ (4) あなたのお姉さんはそのねこをタマと名づけましたか。
　　　 [　　　　] your sister [　　　　　] the cat Tama?
☑ (5) この鳥は日本語でハトと呼ばれます。
　　　 This bird [　　　　] [　　　　　] *hato* in Japanese.

3
(3) 望むことを「させる」というときは let。

(4) 疑問文は，一般動詞の疑問文の形と同じ。

(5) 「呼ばれる」という受け身の文。

4 【「AをBにする」の文】
次の英文を日本語にするとき，適する日本語を(　　)に書きましょう。

☑ (1) We have to keep our town clean.
　　　 私たちは(　　　　　　　　　　　　　　　　　　)。
☑ (2) This song made her popular.
　　　 この歌が(　　　　　　　　　　　　　　　　　　)。
☑ (3) The teacher made us clean the classroom.
　　　 先生は(　　　　　　　　　　　　　　　　　　)。
☑ (4) He helped her take the books to the library.
　　　 彼は(　　　　　　　　　　　　　　　　　　)。

4
(1) 〈keep A B〉は「AをBに保つ」という意味。

(2) 〈make A B〉は「AをBにする」という意味。

(3) 〈make A＋動詞の原形〉は「Aに～させる」という意味。

(4) 〈help A＋動詞の原形〉は「Aが～するのを手伝う」という意味。

1 ♪【リスニング】

(1)は，イラストを参考に英文を聞き，その説明としてもっとも適切なものを選びましょう。
(2)は，会話とそれに関する質問が流れます。質問の答えとしてもっとも適切なものを選びましょう。

(1)

[　A　　B　　C　　D　]

(2)　ア　Nick's e-mail.
　　　イ　Nick's present.
　　　ウ　Catherine's card.
　　　エ　Catherine's birthday.

2 【適語補充】

次の日本文に合うように，適する語を[　　]に書きましょう。

✓よくでる (1)　あなたをサチと呼んでもいいですか。

Can I [　　　　　　] [　　　　　　] Sachi?

(2)　あなたはあなたの犬を 30 分間静かにさせておかなければなりません。

You must [　　　　　　] your dog [　　　　　　] for thirty minutes.

(3)　その映画は彼らを興奮させましたか。

[　　　　　　] the movie [　　　　　] [　　　　　　] excited?

(4)　私にもう一度やらせてください。

Please [　　　　　　] me try again.

ミス注意 (5)　彼の話はいつも私を驚かせます。

His stories always [　　　　　　] [　　　　　] [　　　　　].

3 【対話文完成】

次の対話文が成り立つように，適する語を[　　]に書きましょう。

A: Wow, dinner looks delicious!
　I've never had this dish.　What is it?
B: It's fried rice.
A: What do you call it in Japanese?
B: We [　　　　　　] [　　　　　　] *chahan.*

fried：炒めた

4 【並べかえ】
次の日本文の意味を表す英文になるように，（　　）内の語句を並べかえましょう。
ただし，それぞれの選択肢には使わない語句が１つずつ含まれています。

✓よくでる (1)　彼らはその犬をクロと名づけました。
（ called / Kuro / named / they / the dog ）

_____

✓よくでる (2)　その知らせは私をうれしくさせました。
（ made / happy / the / me / I / news ）

_____

(3)　何があなたを悲しくさせているのですか。
（ making / sad / what / is / you / do ）

_____

ハイレベル (4)　彼は私がお皿を洗うのを手伝ってくれました。
（ the dishes / he / me / wash / made / helped ）

_____

5 【和文英訳】
次の日本文を英語にしましょう。

(1)　健は昨日，彼のお兄さんをおこらせました。

_____

(2)　あなたたちはこれを英語で何と呼びますか。

_____

入試レベル問題に挑戦

【メモを見て説明する】
6 次のメモは，真理子が英語でうちわを紹介するために作ったものです。これに合う英文になるように，適する語を [　　] に書きましょう。

・うちわということを
　伝える
・紙と竹でできている
・暑いときにすずしい
　と感じさせる

①　This [　　　　　] [　　　　　] an *uchiwa*.
②　It's [　　　　　] of paper and bamboo.
③　It'll [　　　　　] us feel cool when it's hot.

15 名詞を後ろから修飾する語句

リンク
ニューコース参考書
中3英語
p.144〜151

攻略のコツ ing形と過去分詞を使って名詞を後ろから修飾する形がよく問われる！

テストに出る！ 重要ポイント

- ● 名詞を後ろから
  修飾する語句
  （前置詞句）
  - ● 前置詞で始まるまとまり〈前置詞＋語句〉（前置詞句）が名詞を修飾するときは，名詞を後ろから修飾する。
    The pen on the desk is mine.（机の上のペンは私のです。）

- ● 名詞を修飾する
  ing形
  （現在分詞）
  - ❶ ing形（現在分詞）で始まる語句が名詞を修飾するときは，名詞を後ろから修飾する。
  - ❷ 意味…「〜している…」
    The girl playing the piano is my sister.
    （ピアノを弾いている少女は私の姉です。）

- ● 名詞を修飾する
  過去分詞
  - ❶ 過去分詞で始まる語句が名詞を修飾するときは，名詞を後ろから修飾する。
  - ❷ 意味…「〜された…」
    I have a computer made in Japan.
    （私は日本製のコンピューターを持っています。）

Step 1　基礎力チェック問題

解答 別冊p.26

1 【名詞を後ろから修飾する語句】
（　　）内の語句を入れるのに，適する場所を選びましょう。

(1) 私は長い毛のねこを飼っています。（with long hair）
I　have　a　cat　.
　ア　　イ　ウ　エ

☑(2) この部屋のすべてのものは，私のものです。（in this room）
Everything　is　mine　.
　ア　　　　イ　ウ　　エ

☑(3) テーブルの上のノートを取ってくれますか。（on the table）
Will you　pass　me　the notebook　?
　ア　　イ　　ウ　　エ　　　　　　オ

得点アップアドバイス

1
名詞を修飾する前置詞句
　名詞を修飾する語句の位置が日本語と英語では異なることに注意。

2 【ing 形（現在分詞）・過去分詞】
(1)～(3)は ing 形を，(4)～(6)は過去分詞を [　　] に書きましょう。

☑ (1) live 　　[　　　　　] 　　☑ (2) stand 　　[　　　　　]
☑ (3) run 　　[　　　　　] 　　☑ (4) make 　　[　　　　　]
☑ (5) speak 　[　　　　　] 　　☑ (6) read 　　[　　　　　]

3 【名詞を修飾する ing 形・過去分詞】
(　　) 内の語句を入れるのに，適する場所を選びましょう。

☑ (1) あそこで走っている女性は私の母です。(running over there)
The 　woman 　is 　my mother 　.
　　ア　　　　イ　　ウ　　　　　　エ

☑ (2) 彼はフランス製の自転車を持っています。(made in France)
He 　has 　a 　bike 　.
　ア　　イ　　ウ　　エ

4 【名詞を修飾する ing 形】
適する語を [　　] に書きましょう。

☑ (1) 私は音楽を聞いているあの男の子を知っています。
I know that [　　　　　] [　　　　　　　] to music.
☑ (2) 本を読んでいるあの男性はだれですか。
Who's that [　　　　　] [　　　　　　　] a book?
☑ (3) いすにすわっているあの女の子は綾です。
That [　　　　　] [　　　　　　　] on the chair is Aya.

5 【名詞を修飾する過去分詞】
適する語を [　　] に書きましょう。

☑ (1) これは漱石によって書かれた本です。
This is a [　　　　　] [　　　　　　　] by Soseki.
☑ (2) 私たちは50年前に建てられた学校に通っています。
We go to a [　　　　　] [　　　　　　] 50 years ago.
☑ (3) 健が昨日撮った写真を見てください。
Look at the [　　　　　] [　　　　　] by Ken yesterday.
☑ (4) これは多くの若者に愛されている歌です。
This is a [　　　　　] [　　　　　] by many young
people.

得点アップアドバイス

2
(3) **ing のつけ方**
run は n を重ねて ing をつける。
(6) read の過去分詞は，過去形と同じ形で，同じ発音。

3
名詞を修飾する分詞
名詞を修飾する分詞 (ing 形，過去分詞) で始まる語句は，名詞を後ろから修飾する。

4
語順
〈名詞＋現在分詞で始まる語句〉の順にする。

ing 形のつくり方

動詞の語尾	つけ方
ふつう (read)	ing (reading)
e で終わる (take)	e をとって ing (taking)
短母音＋子音字 (sit)	子音字を重ねて ing (sitting)

5

〈名詞＋過去分詞で始まる語句〉の順だよ。

1 ♪【リスニング】

(1)は，イラストを参考に英文を聞き，その説明としてもっとも適切なものを選びましょう。
(2)は，英文とそれに関する質問が流れます。質問の答えとしてもっとも適切なものを選びましょう。

(1)

[　A　　B　　C　　D　]

(2)

[　ア　　イ　　ウ　　エ　]

2【語形変化】

(　　)内の語を適する形にして[　　]に書きましょう。

✔よくでる (1)　The girl [　　　　　　　] over there is Miki.　(stand)

✔よくでる (2)　I love pictures [　　　　　　　] by Picasso.　(paint)　　　Picasso：ピカソ

(3)　Look at that bird [　　　　　　　] in the sky.　(fly)

(4)　Have you ever had Chinese food [　　　　　　　] by Mr. Lee?　(cook)

3【適文選択】

次の文の下線部と同じ用法を含む文を選びましょう。

ミス注意 (1)　We saw children <u>playing</u> in the park.

　　ア　Ken and his friends are studying English now.

　　イ　I like watching movies.

　　ウ　My mother is talking with people cleaning the streets.

(2)　English is a language <u>spoken</u> all over the world.

　　ア　Ms. Kondo is loved by a lot of students.

　　イ　I had cake made by my grandmother last week.

　　ウ　She has visited Kyoto many times.

4 【並べかえ】
次の日本語の意味を表す英文になるように，（　　）内の語句を並べかえましょう。
ただし，それぞれの選択肢には使わない語句が１つずつ含まれています。

(1) ジュディーは花についての本をたくさん持っています。
(flowers / Judy / many / has / about / in / books)

_____

(2) あなたはコンピューターを使っているあの男性を知っていますか。
(you / know / the computer / used / using / that / man / do)

_____

ハイレベル (3) この国で話されている言語は何ですか。
(spoken / speaking / what's / this / language / in / the / country)

_____

5 【和文英訳】
次の日本文を英語にしましょう。

よくでる (1) 向こうで泳いでいる女の子は私の友達です。

_____

よくでる (2) 健（けん）は英語で書かれた手紙を読みました。

_____

入試レベル問題に挑戦 ·····················

6 【語形変化／英文和訳】
次の対話文を読んで，あとの問いに答えましょう。

A: Taro, do you know the boy ①(take) pictures over there?
B: Yes, he's Shingo. ② He is using a special camera made in America.
A: How is it special?
B: Well, his father lived in America and ran a camera store.
　That's the most expensive camera ③(sell) there.
A: Cool!　　　　　　　　　　　　　　　　　　　run ～：～を経営する

(1) ①，③の（　　）内の語を適する形にしましょう。
　　　　　　　　　　　　　①[　　　　　　　] ③[　　　　　　　]

(2) 下線部②を日本語にしましょう。
　（　　　　　　　　　　　　　　　　　　　　　　　　　　　　）

15 名詞を後ろから修飾する語句

リンク
ニューコース参考書
中3英語
p.154〜164

関係代名詞

攻略のコツ 関係代名詞の文の形と，関係代名詞の使い分けがよく問われる！

テストに出る! 重要ポイント

● **関係代名詞**

● 文が後ろから名詞を修飾しながら2つの文をつなぐ。

I know a girl who plays tennis well.

先行詞…関係代名詞で始まる文が説明する名詞

（私はテニスがじょうずな女の子を知っています。）

● **主格の関係代名詞**

● 関係代名詞のあとに**動詞**が続いて，関係代名詞がその動詞の主語の働きをする。

先行詞が「人」… who または that
先行詞が「物」… which または that

This is a song which makes me happy.

（これは私をうれしくさせる歌です。）

● **目的格の関係代名詞**

❶ 関係代名詞のあとに〈**主語＋動詞〜**〉が続いて，関係代名詞が文の中で目的語の働きをする。

先行詞が「人」… that
先行詞が「物」… which または that

❷ 目的格の関係代名詞は**省略できる**。

This is a book which my father gave me.

省略できる （これは父が私にくれた本です。）

Step 1 基礎力チェック問題

解答 別冊p.28

1 【関係代名詞】

関係代名詞が含まれる文を選びましょう。

☑ ア She is a girl who runs very fast.
☑ イ Does Tom know that you live in Tokyo now?
☑ ウ Who is that man standing over there?
☑ エ This is the movie that I like the best.
☑ オ This is a letter which Taro sent me.
☑ カ Which do you like, red or blue?
☑ キ The man who painted this picture is Chinese.

得点アップアドバイス

1

後ろに動詞，または〈主語＋動詞 〜〉が続いている who, which, that をチェック！

2 【主格の関係代名詞】
適する語を [　　　] 内から選びましょう。

☑ (1) 私はギターを弾くことができる男の子を知っています。
I know a boy [who / which] can play the guitar.

☑ (2) 私にはオーストラリアに住んでいる友達がいます。
I have a friend [who / which] lives in Australia.

☑ (3) 綾は写真がたくさん載っている本を持っています。
Aya has a book [who / which] has a lot of pictures.

☑ (4) これが京都駅へ行く電車です。
This is the train [who / which] goes to Kyoto Station.

3 【主格の関係代名詞】
次の英文を日本語にするとき, 適する日本語を (　　　) に書きましょう。

☑ (1) I know a man who can speak French.
私は (　　　　　　　　　　　　　　　　) を知っています。

☑ (2) Natsume Soseki is the writer who wrote *Botchan*.
夏目漱石は (　　　　　　　　　　　　　　) です。

☑ (3) A dolphin is an animal which lives in the sea.　　dolphin：イルカ
イルカは (　　　　　　　　　　　　　　　) です。

☑ (4) This is the book that made her famous.
これは (　　　　　　　　　　　　　　　　) です。

4 【目的格の関係代名詞】
適する語を [　　　] に書きましょう。

☑ (1) これは私の父が撮った写真です。
This is a [　　　　　　] [　　　　　　] my father took.

☑ (2) 私は昨日買った本を持っています。
I have the book [　　　　　　] [　　　　　　] bought yesterday.

☑ (3) 彼がつかまえた魚は大きかった。
The fish [　　　　　　] [　　　　　　] was big.

☑ (4) ナミはみんなが大好きな歌手です。
Nami is a singer [　　　　　　] [　　　　　　] very much.

得点アップアドバイス

2
先行詞が人か物か, で判断する。
【関係代名詞の使い分け】

先行詞	主格	目的格
人	who that	that
物	which that	which that

3
関係代名詞に続く文が前の名詞を説明するように訳そう。

4
目的格の関係代名詞の文では, 関係代名詞のあとに〈主語＋動詞〉の形がくる。

(3)(4) 空所の数から, 関係代名詞が省略されている文であるとわかる。

1 ♪ 【リスニング】

(1)は，イラストを参考に英文を聞き，その説明としてもっとも適切なものを選びましょう。
(2)は，英文と質問，さらに質問の答えの文が流れます。質問の答えとしてもっとも適切なものを選びましょう。

(1)

[A 　 B 　 C 　 D]

(2)　[A 　 B 　 C 　 D]

2 【書きかえ】

(例)のように，次の2文を，関係代名詞を用いて1文にしましょう。

(例)　I know a boy.　He can speak English well.
　　 → I know a boy who can speak English well.

(1)　Kenji has a sister.　The sister has long hair.

_____

ミス注意 (2)　This is a computer.　Yuta used the computer last week.

_____

ミス注意 (3)　The book is interesting.　I bought it yesterday.

_____

3 【英文和訳】

次の英文を日本語にしましょう。

(1)　Tom likes the cakes his mother makes.
　　(　　　　　　　　　　　　　　　　　　　　　)

(2)　Ken knows the woman who likes running in the park.
　　(　　　　　　　　　　　　　　　　　　　　　)

(3)　I have to take the train which goes to Tokyo.
　　(　　　　　　　　　　　　　　　　　　　　　)

4 【並べかえ】

次の日本文の意味を表す英文になるように，（　　）内の語句を並べかえましょう。

ただし，それぞれの選択肢には使わない語句が1つずつ含まれています。

(1) 私はスペイン語を勉強している生徒を知っています。

(is studying / know / which / who / Spanish / a student / I)

_____

ミス注意 (2) さとみは私が彼女にあげた本を読んでいます。

(is / Satomi / which / gave / it / a book / reading / her / I)

_____

(3) 彼は由美が大好きな野球選手です。

(he's / Yumi / which / loves / a baseball player)

_____

ミス注意 (4) この絵をかいた人は私のおじです。

(who / this picture / the person / is / painted / which / my uncle)

_____

ハイレベル (5) これは彼を有名にした本です。

(is / famous / this / him / the book / made / which / who)

_____

入試レベル問題に挑戦

5 【適語補充】

次の対話文を読んで，あとの問いに答えましょう。

A: I have a Japanese friend (　①　) lives in Australia.
She goes to junior high school there.

B: Really? What's her name?

A: Her name is Sato Izumi. She has a brother (　②　) goes to the same school.

B: Oh, I know her. She lived near my house and we have been good friends for a long time.
③ This is a letter she sent to me two months ago.

(1) ①，②の（　　）に適する語を書きましょう。

①[　　　　　　　　] ②[　　　　　　　　　]

(2) 下線部③に関係代名詞 that を入れる場合，適する場所を選びましょう。

This is a letter she sent to me two months ago .
　　ア　イ　　　ウ　エ　オ　　　　　　　カ

17 文の中の疑問文

攻略のコツ 間接疑問文の形と意味がよく問われる！

テストに出る！ 重要ポイント

● 文の中の疑問文
（間接疑問文）

❶ 疑問詞で始まる疑問文が別の文に組みこまれたものを**間接疑問文**という。

❷ 形…**疑問詞**のあとは〈**主語＋動詞**〉の語順。

〈be 動詞の文〉

Who **is he**? （彼はだれですか。）

I don't know **who he is**. （私は彼がだれなのか知りません。）
who he is が know の目的語になっている

〈一般動詞の文〉

Where **does he live**? （彼はどこに住んでいますか。）

I know **where he lives**.
ふつうの文の語順

（私は彼がどこに住んでいるのか知っています。）

※疑問詞が主語になっている場合は，〈疑問詞＋動詞〉の語順はかわらない。

I know **who broke** the window.

（私はだれが窓を割ったのか知っています。）

Step 1 基礎力チェック問題

解答 別冊 p.30

1 【いろいろな疑問詞／間接疑問文】
英文を日本語にしましょう。

☑ (1) Who is that man speaking English?
（　　　　　　　　　　　　　　　　　　　　）

☑ (2) I know a person who speaks English well.
（　　　　　　　　　　　　　　　　　　　　）

☑ (3) Do you know who that man is?
（　　　　　　　　　　　　　　　　　　　　）

☑ (4) I don't know the song which he is singing.
（　　　　　　　　　　　　　　　　　　　　）

☑ (5) Please tell me which is yours.
（　　　　　　　　　　　　　　　　　　　　）

得点アップアドバイス

1 ....
疑問詞のいろいろな使い方
(1) 「だれ？」とたずねるときの疑問詞。

(2) 主格の関係代名詞。

(3) 間接疑問文。

(4) 目的格の関係代名詞の which。

(5) 間接疑問文。この which は「どちら？」という意味。

2 【いろいろな疑問詞／間接疑問文】

適する語句を［　　　］内から選びましょう。

☑ (1) 私は彼がどこで勉強しているのか知りません。

I don't know ［ who / where / when ］ he is studying.

☑ (2) あなたたちはそれが何か知っていますか。

Do you know ［ what is it / what it is / it is what ］?

☑ (3) 彼は何が好きか教えてください。

Please tell me ［ what does he like / he likes what / what he likes ］.

☑ (4) 私はあなたたちがどのようにして学校に来るのかを知りたいです。

I want to know ［ how do you come / do you how come / how you come ］ to school.

☑ (5) あなたは彼の腕時計がいくらだったかわかりますか。

Can you guess ［ how long / how many / how much ］ his watch was?

得点アップアドバイス

2 ‥‥‥‥‥‥‥

(2) **間接疑問文の語順**
疑問詞で始まる疑問文が別の文に組みこまれると，〈疑問詞＋主語＋動詞～〉の語順になる。

3 【間接疑問文】

適する語を［　　　］に書きましょう。

☑ (1) 私は彼女がだれなのか知っています。

I know ［　　　　　］［　　　　　　　］［　　　　　　　　　］.

☑ (2) 私たちはこれが何か知りません。

We don't know ［　　　　　　　］［　　　　　　　］ ［　　　　　　　　］.

☑ (3) さくらがどこにいるのか，私に教えてくれますか。

Can you tell me ［　　　　　　　］［　　　　　　　　］ ［　　　　　　　　］?

☑ (4) あなたは彼がいつここへ来る予定なのか知っていますか。

Do you know ［　　　　　　　］［　　　　　　　　］ ［　　　　　　　　］ be here?

☑ (5) 先生は私たちに，だれがこの窓を割ったのかたずねました。

Our teacher asked us ［　　　　　　　］［　　　　　　　　　］ the window.

☑ (6) あなたは彼女が何色が好きか知っていますか。

Do you know ［　　　　　　　］［　　　　　　　　］ ［　　　　　　　］［　　　　　　　　　　］?

3 ‥‥‥‥‥‥‥

間接疑問文は〈疑問詞＋主語＋（助動詞＋）動詞〉の語順だよ。

(5) Who broke the window?（だれがこの窓を割りましたか。）を別の文の中に入れるときは，〈疑問詞＋動詞〉の語順はかわらない。

(6)「何色」は what color でたずねる。

1 ♪【リスニング】

(1)は，イラストを参考に英文を聞き，その説明としてもっとも適切なものを選びましょう。
(2)は，対話とそれに関する質問が流れます。質問の答えとしてもっとも適切なものを選びましょう。

(1)  　　[A　　B　　C　　D]

(2) ア　Luna knows where Masa is going.
　　イ　Luna doesn't know when Masa's birthday is.
　　ウ　Masa knows when Luna was born.
　　エ　Masa doesn't know what Luna has wanted.

2 【適語補充】
次の日本文に合うように，適する語を[　　]に書きましょう。

(1) 健はなぜ太郎がそんなに喜んでいるのかわかりません。
　　Ken doesn't know [　　　　　] [　　　　　] [　　　　　] so happy.
よくでる (2) 彼女がどこにいるのか知っていますか。
　　Do you know [　　　　　] [　　　　　] [　　　　　]?
(3) 彩はあれがだれの家か知りません。
　　Aya doesn't know [　　　　　] [　　　　　] that is.
(4) 今日は何曜日か教えてくれませんか。
　　Can you tell me [　　　　　] [　　　　　] [　　　　　] is today?
ミス注意 (5) 私は何が彼女をおこらせたのか知りません。
　　I don't know [　　　　　] [　　　　　] [　　　　　] angry.
(6) どうすれば私が駅に行けるか教えてくださいますか。
　　Could you tell me [　　　　　] [　　　　　] [　　　　　] get to the station?

3 【並べかえ】
次の日本語の意味を表す英文になるように，（　　）内の語を並べかえましょう。
<u>ただし，それぞれに1つずつ足りない語を補うこと。</u>

(1) だれがこのコンピューターを使ったか教えてください。
Please (tell / computer / who / me / this).

Please _____ .

(2) 卓也は何時にそこへ行かなければならないか彼女にたずねました。
(time / Takuya / there / go / he / had / asked / her / to)

_____

4 【和文英訳】
次のようなとき，英語でどのように言うか書きましょう。

✓よくでる (1) 「私はあの女性がだれだか知っています」と言う場合。

(2) 「マイク（Mike）は彼女が何が好きか知っていますか」とたずねる場合。

_____

入試レベル問題に挑戦

5 【並べかえ／内容理解】
次の対話文を読んで，あとの問いに答えましょう。

Kate: Hi, Becky. I went to the new restaurant in our town last night.
It was very nice!
Becky: Really? I've never been there. The name is "Walter's", right?
Kate: That's right. You really should go there!
Becky: Oh, I'm late for class!
Tell me (you / the best / dish / liked / what) later.
Kate: All right.

(1) （　　）内の語句を並べかえて，意味の通る英語にしましょう。

Tell me _____ later.

(2) 本文の内容に合うように，次の質問に英語で答えましょう。
Does Becky know what the restaurant's name is?

_____

18 仮定法・付加疑問など

攻略のコツ 語順が問われる！

テストに出る！ 重要ポイント

● **仮定法**
❶ 現在の事実に反することを仮定するときは，〈If＋主語＋過去形 〜，主語＋would[could]＋動詞の原形 ….〉で表す。be 動詞の過去形は **were** を使う。
❷ 「〜だったらいいのになあ」と現在の事実と反する願望を言うときは 〈I wish＋主語＋過去形 〜.〉 で表す。

● **付加疑問**
❶ 「〜ですね」と相手に確認したり，同意を求めたりするときは，文の終わりに付加疑問をつける。
❷ 形 … 肯定文の場合，コンマ(,)のあとに 〈否定の短縮形＋主語？〉 をつける。

● **感嘆文**
❶ 「なんて〜でしょう」と言うときは感嘆文にする。
❷ 形 … 〈What＋(a[an]＋)形容詞＋名詞！〉か〈How ＋形容詞[副詞]！〉。

● **否定表現**
● **no, nothing, never** などは not を使わないで否定の意味を表す。

Step 1 基礎力チェック問題

解答 別冊p.31

1 【仮定法】
適する語句を[ ]内から選びましょう。

☑(1) もし土曜日が晴れなら，私はテニスをするつもりです。
If it [is / were / will be] sunny on Saturday, I [will / did / would] play tennis.

☑(2) 今日は雨です。もし今日が晴れだったら，テニスをするのになあ。
It's rainy today. If it [is / were / are] sunny today, I [will / can / would] play tennis.

☑(3) 私はお金持ちになれたらいいと願っています。
I [hope / think / want] I [will / must / could] become rich.

☑(4) 私はお金持ちではありません。お金持ちだったらいいのになあ。
I'm not rich. I [wish / think / want] I [were / will / could] rich.

得点アップアドバイス

1 ....
(1) 土曜日が晴れる可能性は十分にあるので，「もし晴れたら」は，ふつうの if の文にする。
(2) 「今日が雨です」で，「今日が晴れだったら」は現在の事実に反することを仮定しているので，仮定法で表す。
(3) 未来の希望を表している。
(4) 現在の事実に反する願望を言っているので，仮定法にする。

2 【付加疑問】
例のように付加疑問を加えましょう。

得点アップアドバイス

（例）This is your umbrella. → This is your umbrella, isn't it?

☑ (1)　Your brother is a high school student.
　　　Your brother is a high school student, [　　　　　]
　　[　　　　　]?

☑ (2)　Sachi and Miki are good friends.
　　　Sachi and Miki are good friends, [　　　　　]
　　[　　　　　]?

☑ (3)　You like dogs.
　　　You like dogs, [　　　　　] [　　　　　]?

☑ (4)　Your mother likes swimming.
　　　Your mother likes swimming, [　　　　　]
　　[　　　　　]?

☑ (5)　You aren't from France.
　　　You aren't from France, [　　　　　] [　　　　　]?

②
　肯定文の付加疑問は否定形，否定文の付加疑問は肯定形にして，文の終わりにつける。主語は「〜は」の形の代名詞にする。
your brother → he
Sachi and Miki → they
your mother → she

18 仮定法・付加疑問など

3 【感嘆文】
適する語を [　　] に書きましょう。

☑ (1)　なんと古い本でしょう。
　　　[　　　　　] an old book!

☑ (2)　なんと美しい花でしょう。
　　　[　　　　　] beautiful flowers!

☑ (3)　なんと美しいのでしょう。
　　　[　　　　　] beautiful!

☑ (4)　ピーターはなんと速く走るのでしょう。
　　　[　　　　　] fast Peter runs!

③
(1)(2)　あとに「形容詞＋名詞」が続くときは
What 〜!

(3)(4)　あとが「形容詞」か「副詞」のときは
How 〜!

4 【否定表現】
適する語を [　　] に書きましょう。

☑ (1)　私には姉妹はいません。
　　　I have [　　　　　] sisters.

☑ (2)　私は食べるものがありません。
　　　I have [　　　　　] to eat.

☑ (3)　私は決してあなたのことを忘れません。
　　　I'll [　　　　　] forget you.

④
(1)　not 〜 any を 1 語で表す。

1 ♪【リスニング】
イラストを参考に英文を聞き，その説明としてもっとも適切なものを選びましょう。

(1)
[A   B   C   D]

(2)
[A   B   C   D]

2 【適語選択】
次の日本語に合うように，適する語句を [   ] 内から選びましょう。

(1) 私が鳥ならあなたのところに飛んでいくのになあ。
If I [am / is / were] a bird, I [will / would / did] fly to you.

ミス注意 (2) リサはこの町に友達はほとんどいません。
Lisa has [a few / few / little] friends in this town.

(3) サリーはオーストラリア出身ですよね。
Sally is from Australia, [is / isn't / does] [she / Sally / they]?

(4) 今日が日曜日だったらいいのになあ。
I wish it [is / will be / were] Sunday today.

3 【適語補充】
次の日本語に合うように，適する語を [   ] に書きましょう。

(1) いい天気ですね。
It's a fine day, [   ] [   ]?

ミス注意 (2) 私はあなたたちのことを決して忘れません。
I'll [   ] forget you.

(3) もし私があなただったら，彼らを手伝うのになあ。
If I [   ] you, I [   ] help them.

(4) 何と高いビルでしょう。
[   ] a tall building!

4 【並べかえ】
次の日本文の意味を表す英文になるように，（　　）内の語句や符号を並べかえましょう。

(1) もしお金をたくさん持っていたら，その車を買えるのになあ。
If I (money / , / could / a lot of / I / had / buy) the car.

If I ＿＿＿＿＿＿＿＿＿＿＿＿＿＿＿＿＿＿＿＿＿ the car.

ミス注意 (2) だれもその男の子を知りませんでした。
(one / knew / the / no / boy)

＿＿＿＿＿＿＿＿＿＿＿＿＿＿＿＿＿＿＿＿＿

(3) マイクはここに来ますよね。
Mike (won't / come / will / he / here / ,)?

Mike ＿＿＿＿＿＿＿＿＿＿＿＿＿＿＿＿＿＿＿ ?

5 【和文英訳】
次の日本文を英語にしましょう。

(1) 私はじょうずに泳ぐことができたらいいのになあ。（実際は泳げない。）

＿＿＿＿＿＿＿＿＿＿＿＿＿＿＿＿＿＿＿＿＿

(2) あなたはピアノを弾きますよね。

＿＿＿＿＿＿＿＿＿＿＿＿＿＿＿＿＿＿＿＿＿

✓よくでる (3) 私は今日することが何もありません。

＿＿＿＿＿＿＿＿＿＿＿＿＿＿＿＿＿＿＿＿＿

　　入試レベル問題に挑戦　……………………………………………

6 【適語選択】
①〜③の（　　）内から適する語を選びましょう。

A: Do you read Japanese comics, Paul?
B: Yes, I do. I really like them.
A: You like *NINJA KIDS*, ①(do / aren't / don't) you?
B: Yes. Here in the U.S., we can buy Japanese comics.
A: I like *NINJA KIDS*, too. I've ②(never / few / nothing) been to Japan.
I've wanted to visit Japan. If I ③(am / live / were) in Japan, I would read comics every day.

　　　　　　①[　　　　　] 　②[　　　　　] 　③[　　　　　]

定期テスト予想問題 ⑤

時間▶ 50分
解答▶ 別冊 p.33

得点

／100

出題範囲：「AをBにする」, 名詞を後ろから修飾する語句, 関係代名詞, 文の中の疑問文, 仮定法など

1 ♪【リスニング】会話とそれに関する質問が流れます。質問の答えとしてもっとも適切なものを選びましょう。 【8点×2】

(1) ア　Her plan to go to Canada next summer.
　　イ　Her friend's visit next summer.
　　ウ　Going to school with Judy.
　　エ　Her homestay in Canada.

(2) ア　Yes, she knows Isabella is from the U.K.
　　イ　No, she doesn't know where Isabella is from.
　　ウ　She knows what Isabella likes.
　　エ　She doesn't know who that girl is.

(1)		(2)	

2 次の英文の[　]内から適するものを選び, 記号で答えなさい。 【4点×7】

(1) Who is the girl [ア studies　イ studied　ウ studying] over there?
(2) If I [ア were　イ had　ウ want] enough time, I would write a letter to her.
(3) This is a good book [ア it　イ who　ウ which] teaches us many things.
(4) You like music, [ア don't　イ doesn't　ウ aren't] you?
(5) The dinner [ア cook　イ cooked　ウ cooking] by your brother is very good.
(6) There are a lot of people [ア who　イ which　ウ what] speak Spanish in those countries.
(7) Do you know [ア where　イ why　ウ when] the most cherries are grown in Japan?

cherry：サクランボ

(1)		(2)		(3)		(4)		(5)		(6)		(7)	

3 次の日本語に合うように，（　　）内の語を並べかえなさい。　　　　　[8点×4]

(1) 彼らはその犬をハチと名づけました。
（ named / Hachi / dog / they / the ）

(2) 私が撮った写真をあなたにあげましょう。
（ give / I / pictures / took / I'll / you / that / the ）

(3) あなたは日本製の腕時計を持っていますか。
（ watch / you / made / Japan / do / have / in / a ）

(4) 私たちは彼女が今どこにいるのか知りません。
（ don't / where / now / is / she / know / we ）

(1)	
(2)	
(3)	
(4)	

4 次の対話文を読んで，あとの問いに答えなさい。　　　　　【計24点】

Judy: ①Do you know the man who lives in this big house?

Taro: No, I don't. Why?

Judy: He was a famous baseball player who played for the Rockies a long time ago. I heard it from my father.

Taro: Really? I love baseball. I want to meet him someday.

Rockies：ロッキーズ（野球のチーム名）

(1) 下線部①が次の文とほぼ同じ意味を表すように，（　　）内に適する語を書きなさい。
Do you know the man （　　　　） in this big house?　　　　　(6点)

(2) 本文の内容に合うように，次の質問に英語で答えなさい。　　　　　(9点×2)

1. Did Judy's father play baseball for the Rockies a long time ago?

2. Has Taro ever met the man in the big house?

(1)		
(2)	1	
	2	

前置詞・接続詞のまとめ

リンク
ニューコース参考書
中3英語
p.190～206

攻略のコツ さまざまな前置詞・接続詞の意味と使い分けがよく問われる！

テストに出る！ 重要ポイント

● **前置詞とは**

● **名詞などの前**において場所や時を表す語。

・場所	in （～[の中]に）, at （～で）, on （～[の上]で） under （～の下に）, from （～から） など
・時	at （～に）, on （～に）, in （～に）, before （～[より]前に）, after （～のあとに） など
・その他	of （～の）, for （～のために）, with （～といっしょに） as （～として）, by （～によって）, about （～について） など

● **接続詞とは**

● 語句と語句や，文と文をつなぐ働きをする語。
and（～と…）, but（しかし）, or（～または…）, because（～だから）,
so（それで）, that（～ということ）, when（～のとき） など

Step 1 基礎力チェック問題

解答 別冊p.34

1 【前置詞】
適する語を右の□□内から選んで，[   ]に書きましょう。

☑ (1) I was born [   ] May 25.
☑ (2) We swim [   ] summer.
☑ (3) I get up [   ] six.

in	at	on

得点アップアドバイス

1
【時を表す前置詞】

at	時刻・夜
on	特定の日付・曜日
in	季節・年・月・午 前・午後

2 【前置詞】
絵に合う英文になるように，適する語を[   ]に書きましょう。

(1) [ベッドの上に絵]
(2) [CDとかばんの絵]
(3) 公園 銀行 図書館

☑ (1) The cat is [   ] the bed.
☑ (2) Two CDs are [   ] my bag.
☑ (3) The bank is [   ] the park and the library.

2
(1) 「ベッドの上に」
(2) 「かばんの中に」
(3) 「公園と図書館の間に」

3 【前置詞】

適する語を [　　] に書きましょう。

☑ (1) この手紙は英語で書かれています。

This letter is written [　　　　　　　] English.

☑ (2) あなたは髪の長いあの女の子を知っていますか。

Do you know that girl [　　　　　　　] long hair?

☑ (3) 彼らはふつう日曜日に学校へ行きません。

They usually don't go [　　　　　　] school [　　　　　　]
Sundays.

☑ (4) ベッキーはカナダの出身です。

Becky is [　　　　　　] Canada.

☑ (5) 私は午後に数学を勉強しました。

I studied math [　　　　　　] the afternoon.

☑ (6) ケビンは日本の文化についてよく知っています。

Kevin knows a lot [　　　　　　] Japanese culture.

4 【接続詞】

適する語句を [　　] 内から選びましょう。

☑ (1) I think [because / that / when] he is very kind.

☑ (2) She was [and / too / so] busy that she couldn't go to the party.

☑ (3) Kate has a dog and [bird / a bird].

☑ (4) I went to see Ken, but I [could / couldn't] see him.

☑ (5) Please call me when you [will get / get] to the station.

5 【接続詞】

適する語を [　　] に書きましょう。

☑ (1) 残念ながら，明日はそこに行けないと思います。

I'm [　　　　　　] I can't go there tomorrow.

☑ (2) さくらは子どものころ，歌手になりたいと思っていました。

[　　　　　　] Sakura was a child, she wanted to be a singer.

☑ (3) 雨がはげしく降っているので，今日私は外出しません。

I won't go out today [　　　　　　] it's raining hard.

☑ (4) あなたが私の誕生日パーティーに来られるといいなと思います。

I hope [　　　　　　] you can come to my birthday party.

☑ (5) もしひまだったら私を手伝ってくれませんか。

Can you help me [　　　　　　] you're free?

得点アップアドバイス

3
(2)「髪の長いあの女の子」は，「長い髪を持ったあの女の子」と考える。

曜日の前は，on？ in？ at？

(6) この a lot は「よく」と，副詞の意味で使われている。

4
(2) 後ろに that があることに注目する。
(3)「犬1匹」と「鳥1羽」となるようにつなぐ。
(4) but は「〜だが，しかし」という意味の接続詞であることから考えよう。
(5) when 節の中の時制は未来のことでも現在形で表す。

5
(1) 望ましくない事がらを言うときに使う表現。

(3) 理由を表す接続詞。

(4) hope の目的語になる節（主語＋動詞〜）を導く接続詞。
(5) 条件を表す接続詞。

1 ♪【リスニング】

(1)は，イラストを参考に英文を聞き，その説明としてもっとも適切なものを選びましょう。(2)は，会話とそれに関する質問が流れます。質問の答えとしてもっとも適切なものを選びましょう。

(1)

[　A　　　B　　　C　　　D　]

(2)

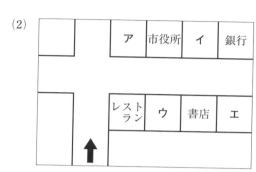

2 【適語補充】

適する語を [　　　] に書きましょう。

✓よくでる (1) 彼は大阪に３日間います。

He has been [　　　　　　　] Osaka [　　　　　　　] three days.

✓よくでる (2) 早起きは健康によい。

It's good [　　　　　　　] your health [　　　　　　　] get up early.

(3) 私の父は月曜日から金曜日まで働きます。

My father works [　　　　　　　] Monday [　　　　　　　] Friday.

(4) 私はとてもおなかがすいていて，速く走れません。

I'm [　　　　　　] hungry [　　　　　　] I can't run fast.

ミス注意 (5) 注意深く聞きなさい，そうすればそれをよく理解できます。

[　　　　　　] carefully, [　　　　　　] you will understand it well.

ハイレベル (6) あの男性は大学生ではなく，医師です。

That man is [　　　　　　] a college student [　　　　　　] a doctor.

ハイレベル (7) ケイトはピアノだけでなく，ギターも弾けます。

Kate can play [　　　　] [　　　　　　] the piano [　　　　　　] also the guitar.

3 【適語補充】
次の文の[　　]に共通して入る語を書きましょう。

✔よくでる (1)　I visited Australia [　　　　　　] 2018.
　　　　　　My sister is [　　　　　　] her room.

✔よくでる (2)　I bought a present [　　　　　　] my mother.
　　　　　　Ken is waiting [　　　　　　] his friend at the station.

　　　(3)　Mike [　　　　　　] I played soccer.
　　　　　　Both Yumi [　　　　　　] Kenji can speak English well.

　　　(4)　Tom is as tall [　　　　　　] my brother.
　　　　　　My mother works there [　　　　　　] a teacher.

4 【和文英訳】
（　　）内の語を使って，次の日本文を英語にしましょう。

✔よくでる (1)　私たちは水なしでは生きることができません。（live）

　　　(2)　私は，彼はきっとじょうずに泳げるようになると思います。（sure）

ミス注意 (3)　私がトム（Tom）に電話したとき，彼は宿題をしていました。（call）

入試レベル問題に挑戦 ⋯⋯⋯⋯⋯⋯⋯⋯⋯⋯⋯⋯⋯⋯⋯⋯⋯⋯⋯⋯⋯⋯⋯

5 【適語補充】
①～⑦の（　　）内に入る適切な語を書きましょう。

A: I hear (　①　) the city hospital is near here.
　　Do you know how (　②　) get there?
B: Yes.　Go along this street (　③　) turn right (　④　) the first corner.
　　You will see the hospital (　⑤　) your left.
A: Thank you.　My friend Taro is there (　⑥　) he broke his leg.
B: Oh, that's too bad.　Say hi (　⑦　) him for me.

①[　　　　　]　②[　　　　　]　③[　　　　　]　④[　　　　　]
⑤[　　　　　]　⑥[　　　　　]　⑦[　　　　　]

重要動詞のまとめ

リンク
ニューコース参考書
中3英語
p.208〜223

攻略のコツ　動詞の語形変化がよく問われる！

テストに出る! **重要ポイント**

◉ **動詞とは**
- ❶ 主語の後ろにおき，「〜する」「〜である」などのように，**動作や状態を表す語。**
- ❷ 動詞には **be 動詞**と**一般動詞**がある。
  - ・be 動詞…am，are，is
  - ・一般動詞…be 動詞以外のすべての動詞

◉ **動詞の変化**
- ● 動詞は主語や時制によってその形が変化する。
  - ・主語が 3 人称単数のときの現在形→動詞の語尾に **s，es**
  - ・過去の内容→過去形

◉ **注意する動詞**
- ❶ 「聞く」→ listen と hear
- ❷ 「見る」→ look，watch，see
- ❸ 「話す」→ speak，talk，say，tell

Step 1　基礎力チェック問題

解答　別冊 p.36

1 【動詞の 3 人称単数・現在形】
次の動詞の 3 人称単数・現在形を [　　] に書きましょう。

- ☑ (1) walk [　　　　]
- ☑ (2) come [　　　　]
- ☑ (3) live [　　　　]
- ☑ (4) make [　　　　]
- ☑ (5) write [　　　　]
- ☑ (6) get [　　　　]
- ☑ (7) go [　　　　]
- ☑ (8) study [　　　　]
- ☑ (9) teach [　　　　]
- ☑ (10) have [　　　　]

2 【動詞の ing 形】
次の動詞の ing 形を [　　] に書きましょう。

- ☑ (1) call [　　　　]
- ☑ (2) watch [　　　　]
- ☑ (3) eat [　　　　]
- ☑ (4) study [　　　　]
- ☑ (5) come [　　　　]
- ☑ (6) have [　　　　]
- ☑ (7) write [　　　　]
- ☑ (8) make [　　　　]
- ☑ (9) use [　　　　]
- ☑ (10) get [　　　　]
- ☑ (11) run [　　　　]
- ☑ (12) swim [　　　　]

得点アップアドバイス

1
3 人称単数・現在形
3 人称単数・現在形は，一般動詞の原形の語尾に s や es をつけてつくる。また，y を i にかえて es をつけてつくる語もある。
(10) have の 3 人称単数・現在形は不規則に変化する。

2
ing 形は，一般動詞の原形の語尾に ing をつけてつくる。
e をとって ing をつける語や，語尾の文字を重ねて ing をつける語があることに注意。

3 【動詞の過去形・過去分詞】
次の動詞の過去形・過去分詞を[　　]に書きましょう。

　　　　　　　　　　　（過去形）　　　　　　　　（過去分詞）

- [✓] (1) play 　[　　　　]　[　　　　]
- [✓] (2) study 　[　　　　]　[　　　　]
- [✓] (3) go 　[　　　　]　[　　　　]
- [✓] (4) come 　[　　　　]　[　　　　]
- [✓] (5) say 　[　　　　]　[　　　　]
- [✓] (6) know 　[　　　　]　[　　　　]
- [✓] (7) see 　[　　　　]　[　　　　]
- [✓] (8) have 　[　　　　]　[　　　　]
- [✓] (9) teach 　[　　　　]　[　　　　]
- [✓] (10) read 　[　　　　]　[　　　　]

4 【動詞の語形変化】
[　　]内に適する語句を選びましょう。

- [✓] (1) I [　　　　] two dogs.
  - ア　am　　イ　have　　　ウ　having　　エ　am have
- [✓] (2) These pictures were [　　　　] by Ken.
  - ア　take　　イ　taking　　ウ　taken　　エ　took
- [✓] (3) Satomi [　　　　] English in the library now.
  - ア　is studied　　　　　　イ　is studying
  - ウ　studied　　　　　　　エ　has studied
- [✓] (4) Kate has [　　　　] sushi before.
  - ア　eat　　イ　eating　　ウ　ate　　　エ　eaten
- [✓] (5) Did you [　　　　] to school by bike?
  - ア　come　　イ　comes　　ウ　came　　エ　coming

5 【重要動詞の使い方】
適する語を[　　]内から選びましょう。

- [✓] (1) 私は夕食後によくテレビを見ます。
  I often [look / watch / see] TV after dinner.
- [✓] (2) ブラウンさんは3か国語を話せます。
  Ms. Brown can [speak / talk / say] three languages.
- [✓] (3) 私の言っていることが聞こえますか。
  Can you [listen / hear / sound] me?

Step 2 　実力完成問題

---

1 ♪【リスニング】
対話文と質問を聞き，質問の答えとしてもっとも適切なものを選びましょう。

(1) ア　You should take a bus.
　　イ　It'll take only a few minutes.
　　ウ　I'll take this ticket.
　　エ　You can take pictures there.

(2) ア　The event this summer.
　　イ　A homestay in Australia.
　　ウ　Talking with foreign people.
　　エ　A speech in English.

2【適語選択】
次の日本語に合うように，適する語を［　　］から選びましょう。

ミス注意 (1)　私は先週テレビでそのサッカーの試合を見ました。
　　　I［seemed / watched / looked］the soccer game on TV last week.

(2)　あなたは木にとまっている鳥が見えますか。
　　　Can you［see / watch / look］the bird on the tree?

(3)　久美は昨日，アンと話をして楽しみました。
　　　Kumi enjoyed［telling / saying / talking］with Ann yesterday.

(4)　岡先生は私たちに国語を教えています。
　　　Mr. Oka［tells / shows / teaches］us Japanese.

(5)　奇妙な音が聞こえますか。
　　　Can you［hear / listen / ask］a strange sound?

3【適語補充】
次の日本文に合うように，適する語を［　　］に書きましょう。

よくでる (1)　どうか私をユキと呼んでください。
　　　Please［　　　　　　］［　　　　　　　　　］Yuki.

よくでる (2)　あの男性を見なさい。
　　　［　　　　　　　］［　　　　　　　　］that man.

ミス注意 (3)　私はあなたに英語を教えることができます。
　　　I can［　　　　　　］［　　　　　　　］English.

(4)　彼はそのパーティーに行きたいと思っています。
　　　He［　　　　　　］to［　　　　　　　］to the party.

(5)　私は，あなたは彼に会うべきだと思います。
　　　I［　　　　　　　］you should［　　　　　　　］him.

(6)　母は私に今宿題をするように言いました。
　　　My mother［　　　　　　］me to［　　　　　　　］my homework now.

4 【英文和訳／和文英訳】
次の英文は日本語に，日本文は英語にしましょう。

(1) I arrived at Tokyo Station at three.
　（　　　　　　　　　　　　　　　　　　　　　　　　　　　　）

ミス注意 (2) My father bought me a nice dress.
　（　　　　　　　　　　　　　　　　　　　　　　　　　　　　）

(3) 私は彼女にノートを1冊あげました。

_____

(4) 私たちは彼のお兄さんをとてもよく知っています。

_____

入試レベル問題に挑戦 ⋯⋯⋯⋯⋯⋯⋯⋯⋯⋯⋯⋯⋯⋯⋯⋯⋯

思考
5 【適語補充／内容理解】
次の太郎が友人の明（あきら）について書いた文を読んで，あとの問いに答えましょう。

　　Akira is one of my best friends. We have (　①　) on the same soccer team since we were ten years old.

　　When I joined the team, I couldn't (　②　) soccer well. I wasn't happy about it. Two days later, Akira joined our team. He wasn't a good (　③　), either. We started practicing soccer together on weekends and soon became very good friends.

　　Now Akira has to move to another city and I am very sad about it. But, we promised to continue playing soccer. We'll be on different teams, but I hope we can (　④　) together in a soccer game some day.　　　　continue ~ing：～し続ける

(1) ①～④の（　）内に，次の中から適する語を選んでそれぞれ書きましょう。同じ語を2度使ってもかまいません。

play　　plays　　played　　playing　　player

① [　　　　　] ② [　　　　　] ③ [　　　　　] ④ [　　　　　]

(2) 本文の内容に合うように，次の質問に主語と動詞のある英語で答えましょう。

　1. What sport do Akira and Taro play?

_____

　2. Why is Taro sad?

_____

重要熟語のまとめ

攻略のコツ 熟語の決まった言い回しやいっしょに使われる前置詞がよく問われる！

テストに出る！ **重要ポイント**

● **動詞の熟語（句動詞）**

● 動詞のあとに決まった前置詞や副詞が続いて1つの動詞と同じ働きをするもの。

look at ～ （～を見る）, listen to ～ （～を聞く）,
get up （起きる）, sit down （すわる） など

● **〈be 動詞＋形容詞＋前置詞〉**

be late for ～ （～に遅れる）, be able to ～ （～できる）
be interested in ～ （～に興味がある） など

● **前置詞の熟語（群前置詞）**

in front of ～ （～の前に）, all over ～ （～中に） など

● **その他の熟語**

at first （初めは）, for example （例えば）,
at last （最後に）, each other （おたがいに） など

Step 1 基礎力チェック問題

解答 別冊 p.38

1 【句動詞】
適する語を[ ]に書きましょう。

得点アップアドバイス

☑(1) 私は音楽を聞くことが好きです。
I like to [   ] [   ] music.

☑(2) 彼らは健を2時間待ちました。
They [   ] [   ] Ken for two hours.

☑(3) 私の父はポチの世話をします。
My father [   ] [   ] of Pochi.

☑(4) 由紀は昨日英語の先生と話をしました。
Yuki [   ] [   ] her English teacher yesterday.

☑(5) すわってください。
[   ] [   ], please.

☑(6) 隆は何も言わずに外出しました。
Takashi [   ] [   ] without saying anything.

1
(2) 「～を待つ」は wait for ～。動詞は過去形にする。

(6) 「外出する」は go out。動詞は過去形にする。

2 【〈be 動詞＋形容詞＋前置詞〉の熟語】
[ ]に適する語を□内から選んで書きましょう。
ただし，同じ語を２度使ってもかまいません。

☑ (1) I was late [   ] school today.
☑ (2) Are you afraid [   ] dogs?
☑ (3) Hiroshi was able [   ] win the race.
☑ (4) Becky is interested [   ] Japanese culture.
☑ (5) This town is famous [   ] ramen.
☑ (6) I want to be good [   ] English.

at	for	in	of	to

3 【群前置詞】
[ ]内に適する語句を選びましょう。

☑ (1) 健のおかげで，私はその旅をとても楽しみました。
Thanks [   ] Ken, I enjoyed the trip very much.
  ア to   イ with   ウ of   エ for

☑ (2) 彼女の家は公園の前にあります。
Her house is in front [   ] the park.
  ア to   イ for   ウ on   エ of

☑ (3) その曲は日本中に知れ渡っています。
That song is known [   ] Japan.
  ア all   イ all over   ウ above   エ among

4 【その他の熟語】
適する語を[ ]に書きましょう。

☑ (1) 私と姉はおたがいを助け合いました。
My sister and I helped [   ] [   ].
☑ (2) さくらは向こうでテニスをしています。
Sakura is playing tennis [   ] [   ].
☑ (3) 私たちはパーティーで楽しい時を過ごしました。
We [   ] a good [   ] at the party.
☑ (4) あなたは，今夜は早く寝なければなりません。
You have to [   ] to [   ] early tonight.
☑ (5) 私の兄はたくさんの本を持っています。
My brother has a [   ] [   ] books.

⬆ 得点アップアドバイス

2
(1) 「～に遅れる」
(2) 「～をこわがる」
(3) 「～できる」
(4) 「～に興味がある」
(5) 「～で有名である」
(6) 「～が得意である」

3
熟語は文の中で覚えよう。

4
(3) **時制に注意**
日本文が過去形であることに注意。

Step 2 実力完成問題

1 ♪ 【リスニング】
対話と質問を聞き，質問の答えとしてもっとも適切なものを選びましょう。

(1) ア Swimming.
イ Running.
ウ Playing soccer.
エ Playing the guitar.

(2) ア Good places to visit in Tokyo.
イ A good guidebook to Tokyo.
ウ A good guide to go with.
エ Old shrines to visit in this city.

2 【適語補充】
次の日本文に合うように，適する語を [   ] に書きましょう。

✓よくでる (1) 彼の名前が呼ばれたとき，彼は立ち上がりました。
He [   ] [   ] when his name was called.

(2) あきらはギターを弾くのが上手です。
Akira [   ] [   ] [   ] playing the guitar.

ミス注意 (3) 電灯を消してください。
Turn [   ] the light.

(4) 彼らはその犬を5日間さがしました。
They [   ] [   ] the dog for five days.

(5) ジュディは初めて刺身を食べました。
Judy had *sashimi* [   ] the [   ] [   ].

(6) 私は試験に合格することができました。
I was [   ] [   ] pass the exam.

3 【適語選択】
[   ] に適する語を選びましょう。

(1) A: What time did you [get / have / take] up this morning?
B: At seven o'clock.

(2) A: Do you know that boy standing [in / on / at] front of the door?
B: Yes. He's Tom's brother.

(3) A: What are you doing now?
B: I'm listening [with / to / on] music.

4 【並べかえ】
次の日本文の意味を表す英文になるように，（　　）内の語句を並べかえましょう。
ただし，それぞれの選択肢には使わない語句が1つずつ含まれています。

✓よくでる (1) あなたはサッカーに興味がありますか。
（ interested / soccer / with / are / in / you ）

_____

✓よくでる (2) さくらは京都で楽しい時を過ごしました。
Sakura (had / time / a / Kyoto / enjoyed / in / good).

Sakura _____ .

ミス注意 (3) 私たちは北海道のおじの家に泊まりました。
We (stayed / our uncle / with / Hokkaido / at / in).

We _____ .

5 【和文英訳】
次の日本文を英語にしましょう。ただし，数を表す語も英語のつづりで書きなさい。

(1) この写真を見なさい。

_____

(2) 私は昨晩10時30分に寝ました。

_____

入試レベル問題に挑戦 ・・・・・・・・・・・・・・・・・・・・・・・・・・・・・・・・・・・・

6 【英文和訳／適語補充】
次の対話文を読んで，あとの問いに答えましょう。

A: ① What do you want to be in the future?
B: I want to do something to help people.　②（例えば），I would like to work as a doctor
or a nurse.
A: That's great.　My aunt is a nurse.　③ She takes care of a lot of sick people in the
hospital.

(1) 下線部①，③の英文を日本語にしましょう。
① (　　　　　　　　　　　　　　　　　　　　　　　　　　　　　　）
③ (　　　　　　　　　　　　　　　　　　　　　　　　　　　　　　）
(2) ②の(　　　)内の日本語を，2語の英語にしましょう。
[　　　　　　　] [　　　　　　　]

会話表現のまとめ

リンク
ニューコース参考書
中3英語
p.226〜233

攻略のコツ いろいろな場面に合った会話表現，応答のしかたがよく問われる！

テストに出る！ 重要ポイント

● **誘う，提案する**
Why don't you come to my house?（私の家に来ませんか。）
Would you like to go shopping with me? —— I'd love to.
（私といっしょに買い物に行きませんか。——喜んで。）

● **道案内の表現**
Excuse me.（失礼ですが。）
Could you tell me how to get to the station?
（駅への行き方を教えてくださいませんか。）

● **電話の表現**
Hello.（もしもし。），**This is 〜.**（こちらは〜です。）
May I speak to 〜?（〜をお願いできますか。）
Can I leave a message?（伝言を伝えていただけますか。）

● **その他の表現**
Here you are.（[物を差し出して]はい，どうぞ。）
What's the matter? ／ What's wrong?（どうしましたか。）
Let me see.（ええと。），**Sounds nice.**（いいですね。）

Step 1　基礎力チェック問題

解答 別冊p.39

1 【会話表現】
次の場合，英語で何と言うか。□□内から選んで記号を書きましょう。

☑ (1) 電話で「もしもし」と言う場合 [　]
☑ (2) 友達と別れる場合 [　]
☑ (3) 相手の体調が悪そうなとき，どうしたのかたずねる場合 [　]
☑ (4) 店員が客に「お手伝いしましょうか」と声をかける場合 [　]
☑ (5) 相手の言ったことを聞き返す場合 [　]
☑ (6) 体調が悪いと聞いて，相手を気づかう場合 [　]
☑ (7) 「電話をかけ直します」と言う場合 [　]
☑ (8) 相手の名前をていねいにたずねる場合 [　]

ア	See you.	イ	May I help you?
ウ	Excuse me?	エ	That's too bad.
オ	I'll call back later.	カ	What's the matter?
キ	Hello.	ク	Could you tell me your name?

得点アップアドバイス

1
(1) 英語の「もしもし」は，「こんにちは」と同じ。

(3) What's wrong? とたずねることもできる。

2 【会話表現】

適する語を [　　] に書きましょう。

(1) ［On the phone］
A: [　　　　　　] [　　　　　　] Lisa.
　　May I speak to Tomoko?
B: It's me. Hi, Lisa. What's up?

(2) ［At dinner］
A: Tom, can you pass me the salt?
B: Sure. [　　　　　　] you [　　　　　].
A: Thank you.

3 【会話表現】

適する語を [　　] に書きましょう。

(1) もっと紅茶をいかがですか。
[　　　　　] [　　　　　　] like some more tea?

(2) いっしょにテニスをするのはいかがですか。
[　　　　　] [　　　　　　] we play tennis?

(3) パーティーに来てくれてありがとう。
[　　　　　] you [　　　　　] coming to our party.

(4) 日本食はどうですか。
[　　　　　] do you like Japanese food?

4 【会話表現】

次の質問に対する応答として適するものを選びましょう。

(1) May I ask you a favor?
　　ア　Yes, thanks.　　　　イ　Go ahead.
　　ウ　I'll take it.　　　　エ　Take care.

(2) How's everything?
　　ア　I don't think so.　　イ　No, thank you.
　　ウ　I'm doing good, thank you.　エ　I'm sorry.

(3) May I speak to Hanako?
　　ア　You're welcome.　　イ　Can I leave a message?
　　ウ　I'd love to.　　　　エ　Just a minute.

(4) What's wrong?
　　ア　I have a headache.　イ　I'm afraid I can't.
　　ウ　I'm back.　　　　　エ　Sounds good.

得点アップアドバイス

2
(1)　電話での表現。What's up? は「どうしたの」とたずねる決まり文句。

(2)　物を差し出して言うときの表現。

3
(4)　「日本食はどんなふうに好きですか」と考える。

4
(1)　「お願いがあるのですが」

(2)　「お元気ですか」

(3)　（電話で）「花子さんをお願いします」

(4)　「どうしたのですか」

1 ♪ 【リスニング】

イラストを参考に英文を聞き，最後の文の応答としてもっとも適切なものを選びましょう。

(1)

[A　B　C　D]

(2)

[A　B　C　D]

2 【対話文完成】

次の対話文が成り立つように，□に適するものを選びましょう。

(1) A: How about going shopping this afternoon?

B: □

　　ア　You're welcome.　　　　　イ　Sounds nice.
　　ウ　Sorry, I can't go to your house.　エ　Not at all.

(2) A: Do you know how to use this computer?

B: □ Sorry, I don't. Let's ask my brother.

　　ア　I see.　　　　　　　　　イ　Yes, I do.
　　ウ　Come on.　　　　　　　　エ　Let me see.

ハイレベル (3) A: Thank you for sending me flowers.

B: □

　　ア　My pleasure.　　　　　　イ　Go ahead.
　　ウ　I don't know.　　　　　　エ　Who knows?

(4) A: □

B: May I have a glass of water?

　　ア　Do you wear glasses?
　　イ　What would you like to drink?
　　ウ　How much is it?
　　エ　I'd like something to drink.

3 【英文和訳】
次の英文を日本語にしましょう。

(1) May I have your name?
(　　　　　　　　　　　　　　　　　　　　　　　　　　　　　　)

ミス注意 (2) How do you like Japan?
(　　　　　　　　　　　　　　　　　　　　　　　　　　　　　　)

(3) （電話で）Just a minute.
(　　　　　　　　　　　　　　　　　　　　　　　　　　　　　　)

4 【和文英訳】
次の場合，英語でどのように言うか，（　　）内の語数で書きましょう。

✓よくでる (1) 食べ物をすすめられて，「いいえ，結構です」と言う場合。（3語）

_____

✓よくでる (2) 物を渡すときに「はい，どうぞ」と言う場合。（3語）

_____

(3) 別れ際の友達に，「（体に）気をつけて」と言う場合。（2語）

_____

入試レベル問題に挑戦

5 【適語補充／適文選択】
次の電話での対話文を読んで，あとの問いに答えましょう。

A: Hello?
B: Hello. ①(　　　)(　　　) Emi. 　②
A: 　③　 She's out now. 　④
B: Yes, please. 　⑤　 It's about the math test tomorrow.
A: OK. 　⑥　 I think she'll be home by six.
B: Thank you very much.

(1) 下線部①が「こちらはエミです」という意味になるように，[　　]に適する語を書きましょう。　　　　　　　　　　[　　　　　][　　　　　　　　] Emi.

(2) ②～⑥の　　内に入る適切な文を下のア～オから選び，記号で答えましょう。
②[　　] ③[　　] ④[　　] ⑤[　　] ⑥[　　]
ア　I'll tell her. 　　　　　　　　　イ　Can I take a message?
ウ　May I speak to Judy? 　　　　　エ　I'm sorry.
オ　Could you tell her to call me back before nine o'clock?

高校入試対策テスト

1 ♪【リスニング】対話文や英文と質問を聞き，質問の答えとしてもっとも適切なもの
を選びましょう。 【4点×5】

(1) ア　　　　　　　　イ　　　　　　　　ウ　　　　　　　　エ

(2) ア　　　　　　　　イ　　　　　　　　ウ　　　　　　　　エ

(3)

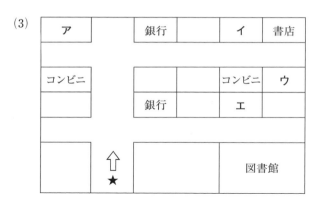

ア		銀行		イ	書店
コンビニ				コンビニ	ウ
		銀行		エ	
	⬆ ★				図書館

(4) ア　To a college.　　　　イ　Some old temples.
　　ウ　For a week.　　　　　エ　For two years.

(5) ア　He played soccer near the library.
　　イ　He played soccer in the park.
　　ウ　He studied in the library.
　　エ　He studied at home.

(1)		(2)		(3)		(4)		(5)	

2 次の（　）内に入る最も適切なものを，ア～エから選び，記号で答えなさい。　【2点×4】

(1) The food （　　　） by Mr. Wang.

ア　cooked　　イ　was cooked　　ウ　was cooking　　エ　has cooked

(2) It was difficult for me （　　　） the question.

ア　answer　　イ　answered　　ウ　answers　　エ　to answer

(3) You have to come home as soon as you （　　　）.

ア　can　　イ　would　　ウ　may　　エ　must

(4) I don't know （　　　） he is.

ア　why　　イ　whose　　ウ　who　　エ　when

(1)		(2)		(3)		(4)	

3 次の日本文に合うように，（　　　）内の語句を並べかえなさい。　【4点×2】

(1) そのニュースは彼女を激怒させました。

(made / very / her / angry / the news)

(2) 私の父はアメリカ製の時計を持っています。

(made / my father / in / watch / has / the U.S. / a)

(1)	
(2)	

4 健になったつもりで，次の対話文の　①　，　②　に入る英文を，それぞれ 5 語以上で自由に書きなさい。ただし，ピリオド(.)，コンマ(,)などの符号は語数に入れないものとします。　【5点×2】

Ms. Brown: It's snowing today. I love winter because I can go skiing.

How about you? Which season do you like the best?

Ken: 　　　①

Ms. Brown: Why?

Ken: 　　　②

①	
②	

Brad: Hi, Naomi. I'd like to go ①(shop) on Saturday. Can you come with me?

Naomi: Oh, I'm going to my sister's piano *recital.

Brad: How long has she played the piano?

Naomi: For over ten years. She practices for the recital for two hours every day. If you are interested in her piano performance, would you like to go?

Brad: That sounds great. I've never ②(be) to such a recital.

Naomi: A lot of people will perform. I'm sure you will be able to enjoy beautiful music.

Brad: OK. I'll go with you on Saturday. Well, _____ ?

Naomi: My sister's recital will start at eleven. So, let's meet at the station at ten.

Brad: OK. What time will it end?

Naomi: Around three. Oh, we can go to the department store after that.

Brad: That's a good idea.

Naomi: By the way, what are you going to buy?

Brad: I'm going to go back to the U.S. before Christmas and stay there during the winter vacation. So, I want to buy presents for my family. They like Japanese culture, so I'm looking for something nice from Japan.

Naomi: Well, how about chopsticks or *furoshiki*?

Brad: What's *furo*...?

Naomi: *Furoshiki.* It's a Japanese wrapping cloth. It's used for carrying clothes, books or other things. Let's find pictures on the Internet. There are a lot of different colors, so I'm sure you'll find ones they will like.

Brad: That sounds perfect! I can get some colors for each of my family members. Thank you (③) the good advice, Naomi.

recital：発表会

(1) ①, ②の（　　　）の中の語を適する形にしなさい。 【2点×2】

(2) ③の（　　　）の中に適する語を１つ選び，記号で答えなさい。 【2点】

　　ア　in　　イ　on　　ウ　for　　エ　at

(3) ［　　　　］に適する文を選び，記号で答えなさい。 【4点】

　　ア　what time shall we meet

　　イ　where is the recital hall

　　ウ　how can I get there

　　エ　who will start first

(4) 次の質問に対して，主語と動詞のある英語で答えなさい。 【5点】

　　Where will Naomi and Brad go after the piano recital?

(5) 本文の内容と合うものを２つ選び，記号で答えなさい。 【5点×2】

　　ア　Naomi's sister has played the piano for over ten years.

　　イ　The recital will last for six hours.

　　ウ　Brad isn't interested in music, but he will go to the recital.

　　エ　Brad will buy chopsticks for his family.

　　オ　Brad will return to the U.S. this winter.

(1)	①		②	
(2)		(3)		
(4)				
(5)				

From：Maria
To：Sakura
Date：November 14, 2021
Subject：Re：Differences between schools in Japan and in the U.S.

　　Hi, Sakura. Thank you for your e-mail. How are you doing? I'm good. We had some snow last week. Is it also cold in Japan? It has been three weeks since I came back home in the U.S.

　　I would like to say thank you to you for spending a lot of time with me. On the first day at your school, I introduced myself in front of our classmates. I was so nervous that I felt like my heart would jump out of my mouth. After class, you asked me a lot of questions such as my favorite sports, food and so on. I was very glad because I could talk with you and other students. You were so kind, and I enjoyed my stay in Japan.

　　In your e-mail, you asked me about the differences between schools in Japan and schools in the U.S. I'm going to write about them. I was sometimes surprised during my school life in Japan. First, most Japanese students wear school uniforms. In our school in the U.S., we don't have school uniforms. It is a little troublesome to choose（　①　）to wear every day, but I like choosing my clothes every morning.

　　Second, in my town, most students go to school by school bus, but in Japan, students don't. Many students go to school by bike or by train. Some of them walk to school. It was my first time to go to school by train, but I enjoyed talking with my friends on it. I was also surprised that there were so many people on the train every day.

　　Third, I was surprised to see that students clean their schools in Japan, and they keep their schools clean. I have never cleaned my school here in the U.S. However, I really enjoyed cleaning the school in Japan, and I think it's very good to clean your school by yourselves.

　　Lastly, summer vacation in Japan is shorter than in the U.S. Summer vacation in Japan is for about six weeks, but in the U.S., it's about three months long. We do many activities such as playing sports, joining a summer camp, or drawing pictures during the long vacation.

　　I really had a good time with you in Japan. I will not forget my time in Japan. I hope I can see you soon in Japan or in the U.S. I'm looking（　②　）to your e-mail.

Your friend,

Maria

troublesome：めんどうな

(1)　①，②の（　　）に適する語を選び，記号を答えなさい。　　　　　　　[2点×2]

　　　①　ア　what　　　イ　when　　　ウ　where　　　エ　why

　　　②　ア　ahead　　　イ　for　　　ウ　forward　　　エ　at

(2)　次の質問に，主語と動詞のある英語で答えなさい。　　　　　　　　　[5点×3]

　　　①　When was this e-mail written?

　　　②　Has Maria ever seen snow in her town in the U.S.?

　　　③　What did Sakura do after Maria introduced herself on the first day in
　　　　Japan?

(3)　本文の内容と合うものを2つ選び，記号で答えなさい。　　　　　　　[5点×2]

　　　ア　Maria asked Sakura about the differences between schools in Japan and in
　　　　the U.S.

　　　イ　Maria was very nervous when she first visited the classroom in Japan.

　　　ウ　Maria wears a school uniform in the U.S.

　　　エ　Maria went to school by bus during her stay in Japan.

　　　オ　Maria was surprised because students cleaned their schools in Japan.

　　　カ　Summer vacation is about four weeks long in the U.S.

(1)	①		②		
(2)	①				
	②				
	③				
(3)					

Memo

カバーイラスト	くじょう
ブックデザイン	next door design（相京厚史，大岡喜直）
	株式会社エデュデザイン
本文イラスト	加納徳博，下田麻美
録音	（財）英語教育協議会（ELEC）
ナレーション	Dominic Allen, Karen Haedrich
英文校閲	Joseph Tabolt
編集協力	小縣宏行
	渡邉聖子，今居美月，石黒学，大津直子，森田桂子，村西厚子，渡辺泰葉
データ作成	株式会社四国写研
製作	ニューコース製作委員会

（伊藤なつみ，宮崎純，阿部武志，石河真由子，小出貴也，野中綾乃，大野康平，澤田未来，中村円佳，渡辺純秀，水島潮，相原沙弥，佐藤史弥，田中丸由季，中西亮太，髙橋桃子，松田こずえ，山下順子，山本希海，遠藤愛，松田勝利，小野優美，近藤想，辻田紗央子，中山敏治）

＼ あなたの学びをサポート！／
家で勉強しよう。
学研のドリル・参考書

URL　https://ieben.gakken.jp/
X（旧 Twitter）　@gakken_ieben

Web ページや X（旧 Twitter）では，最新のドリル・参考書の情報や，おすすめの勉強法などをご紹介しています。ぜひご覧ください。

読者アンケートのお願い

本書に関するアンケートにご協力ください。右のコードか URL からアクセスし，アンケート番号を入力してご回答ください。ご協力いただいた方の中から抽選で「図書カードネットギフト」を贈呈いたします。

アンケート番号：305300
https://ieben.gakken.jp/qr/nc_mondai/

学研ニューコース問題集　中3英語

この本は下記のように環境に配慮して製作しました。
●製版フィルムを使用しない CTP 方式で印刷しました。
●環境に配慮して作られた紙を使っています。

【学研ニューコース】

問題集

中3英語

［別冊］

解答と解説

● 解説がくわしいので，問題を解くカギやすじ道がしっかりつかめます。

● 特に誤りやすい問題には，「ミス対策」があり，注意点がよくわかります。

「解答と解説」は別冊になっています。

•••▷ 本冊と軽くのりづけされていますので，はずしてお使いください。

1 中1・中2の復習① (現在の文)

Step 1 基礎力チェック問題 （p.6-7）

1 (1) am　(2) are　(3) are not
　　(4) Is that　(5) Are

解説 (1) 主語が I なので，be 動詞は am を使う。

(2) 主語の Tom and I は複数なので，be 動詞は are。

(3) not の位置は be 動詞の後ろ。主語が we なので be 動詞は are を使う。

(4)(5) 「〜は…ですか」とたずねるときは，be 動詞で文を始める。

2 (1) That is　(2) This is　(3) is not
　　(4) Are you / I'm not

解説 (1) 「あれは〜です」は That is 〜. を使う。

(2) 「これは〜です」は This is 〜. を使う。「私の」は my。

(3) 主語が Mr. Suzuki なので，動詞は is。「〜ではない」は is のあとに not を入れる。

(4) 「あなたは〜ですか」は Are you 〜? を使う。答えの文では主語が I になることに注意する。I am ＝ I'm。

3 (1) plays　(2) takes　(3) likes
　　(4) gets　(5) goes　(6) studies
　　(7) teaches　(8) has

解説 s, es のつけ方

・ふつうの動詞　→ s をつける

・語尾が -o，-s，-x，-ch，-sh で終わる動詞
　　→ es をつける

・〈子音字＋ y〉で終わる動詞
　　→ y を i にかえて es をつける

(6) study は，y を i にかえて es をつける。

(8) have の 3 人称単数・現在形は has。

4 (1) knows　(2) Do, want / I do
　　(3) don't go　(4) makes
　　(5) Does, listen / No, doesn't
　　(6) doesn't watch

解説 (1) 主語が Mike なので，know は 3 人称単数・現在形にする。

(2) 主語が you で一般動詞の疑問文なので，Do で文を始める。答えの文では主語は I になる。

(3) 主語が we なので，否定文では do not を使う。空所の数より，do not の短縮形 don't を動詞の原形の前におく。

(4) 主語が Sayuri なので，動詞は 3 人称単数・現在形にする。often（よく）の位置は，ふつう一般動詞の前になる。be 動詞の文の場合は，be 動詞のあと。

(5) 主語が Tom なので，疑問文では does を使う。動詞は原形。答えの文では否定形の doesn't を使う。

(6) 主語が my mother なので，否定文では does not を使う。空所の数より，does not は短縮形 doesn't にする。動詞は原形。

Step 2 実力完成問題 （p.8-9）

1 (1) B　(2) B

解説 (1) ♪読まれた英文

A: Naomi, who is that woman?

B: She is Ms. Miller. She is a new English teacher.

A: Where is she from?

B: （チャイム）

A．She is good at tennis.

B．She is from Canada.

C．She speaks Japanese well.

D．She likes Japanese food.

A: ナオミ，あの女の人はだれですか。

B: 彼女はミラー先生です。新しい英語の先生です。

A: どこの出身ですか。

B: （チャイム）

A．彼女はテニスが得意です。

B．彼女はカナダ出身です。

C．彼女は日本語をじょうずに話します。

D．彼女は日本食が好きです。

(2) ♪読まれた英文

A．There are some pencils on the desk.

B．There is a bag by the bed.

C．There are some caps on the bed.

D．There is a book under the chair.

A．机の上に何本かのえんぴつがあります。

B．ベッドのそばにかばんがあります。

C．ベッドの上に帽子がいくつかあります。

D．いすの下に本があります。

2 (1) We are　(2) studies English

(3) doesn't eat　(4) Don't forget

(5) That is not　(6) When do

解説 (1)「私たちは〜にいる」なので，We are 〜．となる。

(2) study（〜を勉強する）の3人称単数・現在形は studies。

(3) 主語が He で，一般動詞の否定文なので動詞の前に doesn't を入れる。

(4)「〜しないでください」という否定の命令文は〈Don't ＋動詞の原形〜．〉を使う。

(5)「あれは〜だ」は That is 〜．の形。not は be 動詞のあとに入れる。

(6)「いつ」は疑問詞 when を使い，文の最初におく。あとに一般動詞の疑問文の形を続ける。

3 (1) have　(2) like　(3) play

解説「私はサッカーボールを持っています。私はサッカーが大好きです。私は放課後に友達とそれをします。」となるように動詞を入れる。

4 (1) Mike has sushi for lunch.

(2) Mr. Suzuki doesn't come to school (by bus.)

(3) How long do you watch TV (a day?)

解説 (1) 主語が Mike なので，動詞は have の3人称単数・現在形の has を使う。have が不要。

(2) 主語が Mr. Suzuki なので，否定文では doesn't を使う。don't が不要。come to school by 〜 ＝「〜で学校に来る」。

(3)「どのくらい（長く）〜」とたずねるときは，how long を使う。how many は「いくつ」と数をたずねるときの表現なので，many が不要。「1日に」＝a day。

5 (1) My name is Suzuki Yumi[Yumi Suzuki].

(2) Do you like math? — Yes, I do.

(3) Kenji doesn't[does not] listen to music.

解説 (2)「あなたは〜が好きですか」とたずねるときは，Do you 〜? を使う。答えの文でも do を使うが，「はい，（私は）好きです」と I を使うことに注意する。

(3)「〜を聞く」＝listen to 〜。否定文は動詞の原形の前に do[does] not を入れる。ここでは主語が「健二」なので，does not を使う。

6 ① is　② have　③ does

解説 ① 主語は tomorrow。

② 主語は I。

③ 主語は the party。

2 中1・中2の復習②（過去の文）

Step 1 基礎力チェック問題 （p.10-11）

1 (1) were　(2) was　(3) enjoyed

(4) liked　(5) studied　(6) got

(7) went　(8) ran

解説 (2) is と am の過去形は was。

(5) study の過去形は，y を i にかえて ed をつける。

一般動詞の過去形（規則動詞）のつくり方

・大部分の動詞 → 原形の語尾に ed をつける

・e で終わる動詞 → d だけをつける

・〈子音字 ＋ y〉で終わる動詞 → y を i にかえて ed をつける

(6)〜(8) 不規則動詞は1つ1つ確実に覚えよう。

2 (1) was　(2) weren't　(3) played

(4) didn't　(5) Did

解説 (1) last year（昨年）があるので過去の文。am の過去形は，was。

(2) 主語が Mike and Tom で直後に形容詞が続いているので，aren't の過去形 weren't を選ぶ。

(3) 〜 ago（〜前に）があるので，過去形を選ぶ。

(5) this morning（今朝）があり，have が使われていることから，一般動詞の過去形の疑問文である。

3 (1) ア　(2) ウ　(3) イ　(4) ウ

(5) イ　(6) ア

解説 (e)d の発音

・原形の語尾の発音が [p, k, f, ʃ, tʃ] などのとき → [t]

・原形の語尾の発音が [t, d] のとき → [id]

・原形の語尾の発音がそれ以外のとき → [d]

4 (1) were, then　(2) Was / wasn't

(3) was, ago　(4) Was, time

（1）主語が they なので，be 動詞は were。「そのとき」は then。

（2）主語が Ken's father なので，be 動詞は was。答えの文でも was を使う。

（3）主語が this bike なので，be 動詞は was。「〜前」は，〜 ago。

（4）主語が Aya なので，be 動詞は was。「そのとき」は at that time でも表せる。

⑤ （1）**gave me** （2）**I read**
  （3）**didn't go** （4）**Did, buy[get] / I did**

解説（1）give の過去形は gave。〈give ＋ 人 ＋ 物〉の形。

（2）read の過去形は read[red]。

（3）否定文は動詞の原形の前に didn't を入れる。

（4）疑問文は 〈Did ＋ 主語 ＋ 動詞の原形 〜?〉の形になる。答えの文にも did を使う。

⑥ （1）**彼女は 10 歳のときに日本に来ました。**
  （2）**あなたは今朝何時に起きましたか。**

解説（1）when ＝「〜のとき」。

（2）What time 〜? ＝「何時に〜」。get up ＝「起きる」。

Step 2 実力完成問題 （p.12-13）

① （1）**ウ** （2）**ア**

解説（1）♪読まれた英文

A: George, your T-shirt is cute. When did you get it?

B: I got it yesterday. It was 1,000 yen. I like it. I also bought this cap. It was 800 yen. It's my favorite.

A: It's also nice. I like it, too.

Question: How much did George use to buy the T-shirt and the cap?

A: ジョージ，あなたの T シャツはかわいいです。いつ買ったのですか。

B: 昨日です。1000 円でした。気に入っています。この帽子も買いました。800 円でした。お気に入りです。

A: それもすてきです。私も好きです。

質問：ジョージは T シャツと帽子を買うのにいくら使いましたか。

（2）♪読まれた英文

A: Hi, Kota. How was your weekend?

B: Hi, Betty. It was great.

A: What did you do?

B: I went to the aquarium with my family on Saturday. We saw the dolphin show. It was exciting. We ate dinner at a restaurant. It was delicious.

A: That's great. How about Sunday?

B: I played tennis in the morning and I bought a comic book. I started to read the book in the afternoon. I finished it in the evening.

A: Oh, did you?

B: It was really interesting.

Question: What did Kota do on Sunday morning?

A: こんにちは，コウタ。週末はどうでしたか。

B: やあ，ベティー。すばらしかったです。

A: 何をしたのですか。

B: 土曜日に家族と水族館へ行きました。イルカのショーを見ました。おもしろかったです。レストランで夕食を食べました。おいしかったです。

A: それはすてきですね。日曜日は？

B: 午前中はテニスをして，マンガ本を買いました。午後にその本を読み始めて，夕方に読み終わりました。

A: ああ，そうでしたか。

B: とてもおもしろかったです。

質問：コウタは日曜日の午前中は何をしましたか。

② （1）**was** （2）**became** （3）**were**
  （4）**taught** （5）**visit**

解説（1）yesterday（昨日）があるので過去形にする。

（2）last April（この前の 4 月）があるので過去形にする。

（3）last year（昨年）があるので過去形にする。主語は Sachi and Mei で複数。

（4）three years ago（3 年前）があるので過去形にする。teach は不規則に変化して taught。

（5）疑問文では動詞は原形になる。

③ （1）**wanted, was** （2）**took, pictures**
  （3）**worked, then** （4）**didn't like**

解説（1）when 節の中も過去形にすること。

（2）take は不規則に変化して took。a lot of（たく

さんの）のあとの名詞は複数形。

(4) 一般動詞の過去の否定文なので，動詞の前に didn't を入れる。like ～ing（～することが好き）を使う。

4 (1) **Did you** (2) **I wasn't / was**
(3) **What did, do**

解説 (1) A「あなたはこの前の土曜日に学校に行きましたか。」B「はい，私はこの前の土曜日に学校に行きました。」

(2) A「昨日の午後，あなたは図書館にいましたか。」B「いいえ，いませんでした。私は友達の家にいました。」

(3) A「彼は昨晩何をしましたか。」B「彼は数学の宿題をしました。」

5 (1) ハナコはこの本を読みました。
(2) **I didn't[did not] clean my room.**
(3) **Who opened this door?**

解説 (1) 主語が3人称単数なのに動詞が3人称単数・現在形の reads になっていないことから，この read は過去形と判断できる。

(3) Who が主語になるので，そのあとに動詞の過去形を続ける。

6 (1) **She visited her last summer.**
(2) **No, it wasn't.**
(3) **Yes, she did.**

解説 (1)「さやかはいつジュディを訪問しましたか。」第1段落1文目に last summer（この前の夏）とある。

(2)「さやかがアメリカにいたとき，すずしかったですか。」第2段落1文目に very hot（とても暑い）とある。

(3)「さやかはアメリカで楽しい時を過ごしましたか。」第2段落の最後の文に enjoyed my stay in America（アメリカでの滞在を楽しんだ）とある。

---

3 中1・中2の復習③（進行形・未来の文）

Step 1　基礎力チェック問題 （p.14-15）

1 (1) **walking** (2) **studying** (3) **making**
(4) **coming** (5) **putting** (6) **swimming**

解説 (1)(2) ほとんどの語は ing をつける。

---

(3)(4) e をとって ing をつける。

(5)(6) 最後の1字を重ねて ing をつける。

2 (1) **am watching** (2) **was watching**
(3) **isn't playing** (4) **Are, reading**

解説 (1)〈am＋動詞の ing 形〉にする。

(2) 過去進行形は〈was＋動詞の ing 形〉にする。

(3) 空所の数から短縮形 isn't にする。

(4) 疑問文は be 動詞で文を始める。

3 (1) **going to** (2) **going to buy[get]**
(3) **not going to** (4) **Are, going to / am**
(5) **is, going to / going to**

解説 (1)「～するつもりです」は be going to で表す。

(2) 主語が3人称単数のときも to のあとの動詞は原形にする。

(3) be going to の否定文は be 動詞のあとに not を入れる。

(4) be going to の疑問文は，be 動詞で文を始める。答えの文でも be 動詞を使う。

(5) 疑問詞 Where のあとは be going to の疑問文の形を続ける。

4 (1) **I'll** (2) **go** (3) **be** (4) **won't**
(5) **Will / will** (6) **will be**

解説 (1)「～します」という意志を表すときは will で表す。I'll は I will の短縮形。

(2) 主語が3人称単数のときも will のあとの動詞は原形にする。

(3) will のあとの動詞は原形。be 動詞の原形は be。

(4) will の否定文は，will not で表す。won't は will not の短縮形。

(5) will の疑問文は will で文を始める。答えの文でも will を使う。

(6)「～しているでしょう」という未来の進行形は〈will be＋動詞の ing 形〉で表す。

Step 2　実力完成問題 （p.16-17）

1 (1) **C** (2) **ア**

解説 (1) ♪読まれた英文
A. A man is reading on the sofa.
B. A girl is eating cake.
C. A cat is sleeping on the sofa.

D．Two men are singing on TV.

A．男性がソファーの上で本を読んでいます。

B．女の子がケーキを食べています。

C．ねこがソファーの上で眠っています。

D．2人の男性がテレビで歌っています。

(2) ♪読まれた英文

A: It was raining this morning, but now it's cloudy. I'm going to play tennis tomorrow. Will it be sunny tomorrow?

B: It'll be cloudy in the morning and in the afternoon it'll be sunny. It won't be rainy tomorrow. What time are you going to play tennis?

A: At two in the afternoon.

Question: How will the weather be tomorrow afternoon?

A: 今朝は雨が降っていましたが，今はくもっています。私は明日テニスをする予定です。明日は晴れるでしょうか。

B: 午前中はくもりで，午後は晴れるでしょう。明日は雨が降らないでしょう。あなたは何時にテニスをする予定ですか。

A: 午後2時です。

質問：明日の午後の天気はどうでしょうか。

ア　晴れるでしょう。

イ　雨でしょう。

ウ　くもりでしょう。

エ　暑いでしょう。

2 (1) **running** (2) **was**
　(3) **practice** (4) **cleaning**

解説 (1) run は n を重ねて ing 形にする。

(2) when 〜が過去なので，過去進行形の文にする。

(3) be going to のあとの動詞は原形にする。

(4) will be のあとなので，未来進行形（will be ＋動詞の ing 形）の文にする。

3 (1) **are watching** (2) **was swimming**
　(3) **going to go** (4) **are, going to**
　(5) **Will, be**

解説 (1) 主語の Ken and I は複数なので，be 動詞は are にする。直前の I につられて am としないこと。

(2) swim は m を重ねて ing をつける。

(3) be going to のあとに動詞の原形を続ける。

(4) How long のあとは be going to の疑問文の形を続ける。

(5) Will で文を始める。あとの動詞は原形なので be にする。

4 (1) **I'm going to go skiing in (Hokkaido.)**
　(2) **How will the weather be (tomorrow?)**
　(3) **Tom was listening to music when (we visited him.)**

解説 (1) be going to のあとに「スキーをしに行く」という go skiing を続ける。

(2) How のあとに will の疑問文を続ける。will the weather be の語順に注意。

(3) 過去進行形の文のあとに when 〜がくる文。「音楽を聞く」は listen to music。

5 (1) **What are you doing now?**
　(2) **When is Cathy going to go back to Canada?**
　(3) **It will snow[be snowy] tomorrow.**

解説 (1)「する」という意味の動詞の do を ing 形にする。

(2) When のあとに be going to の疑問文を続ける。When will Cathy go back to Canada? としてもよい。また，go back は return としてもよい。

(3) 天気の文は it を主語にする。snowy は「雪の降る」という意味の形容詞。

6 **ア**

解説 What are you going to do there? の応答として，そこでする予定を答える。

A: あなたは夏休みの計画はありますか。

B: はい。私はフランスに行く予定です。

A: そこで何をする予定ですか。

B: 博物館をいくつか訪問する予定です。

A: それはすばらしい。楽しい時を過ごすでしょう。

（ほかの選択肢の意味）

イ．私はそこに飛行機で行く予定です。

ウ．私はそこに1週間います。

エ．それはすぐに来るでしょう。

Step 1 基礎力チェック問題（p.18-19）

1 (1) older - oldest (2) nicer - nicest
  (3) busier - busiest (4) hotter - hottest
  (5) more careful - most careful

解説 (1) そのまま er, est をつける。
(2) r, st をつける。
(3) y を i にかえて er, est をつける。
(4) t を重ねて er, est をつける。
(5) 前に more, most をつける。

2 (1) taller, than (2) the tallest, in

解説 (1) 母と比べているので比較級にする。
(2) 家族の中で「いちばん背が高い」なので最上級にする。「（彼の）家族の中で」は in his family。

3 (1) bigger (2) largest (3) earlier
  (4) better (5) more interesting
  (6) most popular

解説 (1) big の比較級は g を重ねて er をつける。
(2) large の最上級は st をつける。
(3) early の比較級は y を i にかえて er をつける。
(4) well の比較級は不規則に変化して, better になることに注意。
(5) interesting の比較級は前に more をつける。
(6) popular の最上級は前に most をつける。

4 (1) better than (2) best of
  (3) as tall as (4) isn't as, as
  (5) more beautiful than
  (6) most famous, in
  (7) Which, better, or / better

解説 (1)「BよりAが好き」は like A better than B で表す。
(2)「…の中でAがいちばん好き」は like A the best of[in] …で表す。all the subjects は複数を表す語句なので of …にする。
(3)「…と同じくらい〜」は as 〜 as …で表す。「〜」は変化しない形（原級）にする。
(4)「…ほど〜でない」は not as 〜 as …で表す。ここでは, isn't as 〜 as …とする。
(5)「…より美しい」は more beautiful than …。
(6)「いちばん有名な〜」は the most famous 〜 で

表す。one of 〜 は「〜の1人[1つ]」という意味で, あとの名詞は複数形になる。
(7)「AとBではどちらのほうが好きですか」は Which do you like better, A or B? とする。この質問には, I like A better. か I like B better. のように答える。

Step 2 実力完成問題   （p.20-21）

1 (1) B (2) エ

解説 (1) ♪読まれた英文
A. Baseball is the most popular among students.
B. Soccer is more popular than any other sport in the class.
C. Tennis is as popular as volleyball.
D. Most students like basketball the best.
A. 生徒たちの間では, 野球がいちばん人気です。
B. クラスではサッカーがほかのどのスポーツより人気です。
C. テニスはバレーボールと同じくらい人気です。
D. ほとんどの生徒がバスケットボールがいちばん好きです。

(2) ♪読まれた英文
A: Aki, what color do you like the best?
B: I like blue better than any other color. How about you, Bob?
A: I like green the best of all colors.
Question: What color does Aki like the best?
A: アキ, 何色がいちばん好きですか。
B: 私はほかのどの色より青が好きです。あなたはどうですか, ボブ？
A: 私はすべての色の中で緑がいちばん好きです。
質問：アキは何色がいちばん好きですか。

2 (1) easier (2) best (3) well
  (4) nicer (5) more

解説 (1) あとの than から比較級にする。easy は y を i にかえて er をつける。「この問題はあの問題より簡単です。」
(2) 前の the とあとの in this school から最上級にする。good の最上級は best。「ブラッドはこの学校でいちばんじょうずなテニス選手です。」
(3) as と as の間は変化しない well のまま。「ベッキーは彼女の母親と同じくらいじょうずに踊れま

7

す。」

(4) あとの than から比較級にする。「彼の自転車は私のよりもすてきです。」

(5) あとの than から比較級にする。many の比較級は more。「ハリーはタクよりたくさんのマンガ本を持っています。」

③ (1) newer than　(2) longest river in
　(3) more important, or　(4) as, as

解説 (1) 比較級の文にする。「～より」は than ～。

(2)「いちばん長い川」は the longest river。最上級のあとに名詞 river が続く。

(3)「AとBではどちらがより～か」は Which is 比較級, A or B? の形。

(4)「…と同じくらい～」は as ～ as …。

④ (1) (I) like that sweater better than this one(.)
　(2) (Which) season do you like the best(?)
　(3) (This) is the most useful of these (five books.)

解説 (1)「BよりAが好き」は like A better than B で表す。

(2) Which season（どの季節）のあとに「いちばん好きですか」という do you like the best という疑問文の形を続ける。

(3)「これらの5冊の中で」は of these five books。

⑤ (1) Mt. Fuji is the highest mountain in Japan.
　(2) My town isn't[is not] as famous as this town.
　(3) Can you speak more slowly?

解説 (1)「いちばん高い山」は the highest mountain。

(2)「…ほど～でない」は not as ～ as …で表す。「有名な」は famous。

(3)「もっとゆっくり」は slowly を比較級の more slowly にする。Could you speak more slowly? や Please speak more slowly. としてもよい。

⑥ (1) oldest　(2) as, as　(3) older
　(4) youngest　(5) Kate

解説 (1) リサについて4人の中でいちばんのことは年上であることなので、old の最上級を入れる。

(2) ケイトとアキを比べて年齢は同じなので、as ～ as …の文にする。

(3) アキはユカと比べて年上なので、old の比較級が入る。

(4) ユカについて4人の中でいちばんなのは年下であることなので、young の最上級を入れる。

(5)「4人の中でだれがいちばん背が高いですか。」という質問。表から、Kate と答える。

5　受け身 ① （「～される」の文）

Step 1　基礎力チェック問題 (p.22-23)

① (1) played　(2) used　(3) visited
　(4) given　(5) seen　(6) held

解説 (1)～(3) 規則動詞。ed, d をつけてつくる。

(4)～(6) 不規則動詞。過去形もいっしょに、1つ1つ確実に覚えよう。

② (1) made　(2) written
　(3) was　(4) by

解説「～されている、～された」を表すには受け身を使う。〈be 動詞＋過去分詞〉の形になる。

(1) 過去分詞 made を選ぶ。

(2) 過去分詞 written を選ぶ。

(3)「建てられました」と過去の文になっているので、be 動詞は過去形を選ぶ。主語が Our school と単数なので was。

(4)「～によって」と行為者を表すときは by を使う。

③ (1) is spoken　(2) was cleaned
　(3) were invited　(4) is loved
　(5) taken by

解説 (1) speak - spoke - spoken と変化する。

(2) 過去の文なので、be 動詞は過去形にする。

(3) Tom and Becky（トムとベッキー）は複数の主語で過去の文なので、be 動詞は were になる。

(5)「写真を撮る」= take a picture。take - took - taken。

④ (1) are eaten　(2) was introduced
　(3) teaches math　(4) He invented

解説 (1)「彼らの国では朝食にめん類を食べます。」→「彼らの国では朝食にめん類が食べられています。」

(2)「私たちの先生は新しい生徒を紹介しました。」

→「新しい生徒が私たちの先生によって紹介されました。」

(3)「数学は近藤先生によって教えられます。」→「近藤先生が数学を教えます。」ふつうの文にしたときは，主語や現在・過去によって動詞の形を変化させよう。

(4)「この機械は彼によって発明されました。」→「彼がこの機械を発明しました。」

5 (1) 彼ら[彼女たち]は先週この部屋を使いました。

(2) この部屋は先週使われました。

(3) ユミは皿を洗いました。

(4) 皿はユミによって洗われました。

解説 (2) 受け身の文では，一般の人を表す by them は省略されることが多い。

Step 2 実力完成問題 (p.24-25)

1 (1) D (2) A

解説 ♪読まれた英文

(1) A．This is used to cut paper.

B．This is used when you eat meat.

C．This is used to erase letters or lines.

D．This is used when you draw straight lines.

A．これは紙を切るために使われます。

B．これは肉を食べるときに使われます。

C．これは文字や線を消すために使われます。

D．これは直線を引くために使われます。

(2) A．This school was built 60 years ago.

B．This school is liked by 60 students.

C．The school ceremony was held 16 years ago.

D．The school festival will be held tomorrow.

A．この学校は 60 年前に建てられました。

B．この学校は 60 人の生徒に好かれています。

C．学校の儀式は 16 年前に行われました。

D．学校祭は明日，開かれるでしょう。

2 (1) visited (2) spoken (3) read

(4) sung (5) seen

解説 いずれも過去分詞にかえる。

(1) 規則動詞。語尾に ed をつける。

(3) read の過去分詞は read[red]。

3 are, called, are, loved[liked]

解説 「～と呼ばれます」や「～に愛されています」

は受け身の形で表せばよい。

4 (1) This book was written by (Mori Ogai.)

(2) The letter was sent (yesterday.)

(3) Tokyo Station was filled with people.

解説 (3)「～でいっぱいである」は be filled with ～を使う。

5 (1) The festival is held every year.

(2) A lot of[Many] fish were caught by him.

(3) This temple was built two hundred years ago.

(4) This desk will be used tomorrow.

解説 (1) hold（～を開催する）の過去分詞は held。

(2) fish は単数も複数も同じ形。

(3)「建てられた」とあるので，be 動詞は was に。

(4) will のあとに〈be 動詞の原形＋過去分詞〉を続ける。

6 They're[They are] called "sakura" in Japanese.

解説 〈call A B〉（A を B と呼ぶ）を受け身の形にする。A の部分が主語になる。

---

6 受け身 ② （否定文・疑問文）

Step 1 基礎力チェック問題 (p.26-27)

1 (1) is not spoken (2) isn't written

(3) wasn't painted (4) weren't invited

(5) weren't taken by

解説 受け身の否定文は not を be 動詞のあとに入れる。

(3) was not は短縮形 wasn't を使う。

(4)(5) were not は短縮形 weren't を使う。

2 (1) Was / was (2) washed / isn't

(3) closed / was (4) known / is

(5) taken / aren't

解説 受け身の疑問文は〈be 動詞＋主語＋過去分詞～?〉の形になる。答えの文にも be 動詞を使う。be 動詞は主語と現在・過去などによって変化する。

(4)「～に知られる」は be known to ～。

(5) take － took － taken。「～の世話をする」＝take

care of 〜。

3 (1) **is, used** (2) **When was, invented**
  (3) **What, is spoken / is**
  (4) **Which book, written / was**

解説 疑問詞は必ず文の最初におく。
(1) How（どのように）のあとに受け身の疑問文を続ける。
(2)「いつ」は when を使う。
(3)「何語」は what language を使う。これが主語の役割をしているので，そのあとは〈be 動詞＋過去分詞〉が続く。
(4)「どちらの」は which を使う。write の過去分詞は written。

Step 2 **実力完成問題** （p.28-29）

1 (1) **ウ** (2) **イ**

解説 ♪読まれた英文

(1) *A:* Jack, look at this picture. This is taken by my father.
B: Was this taken in France?
A: No. It was taken in Italy. He went there last month.
Question: Where was the picture taken?
A: ジャック，この写真を見て。これは父が撮ったの。
B: フランスで撮られたの？
A: いいえ。イタリアで撮られたの。彼は先月そこに行ったのよ。
質問：その写真はどこで撮られましたか。

(2) ♪読まれた英文

A: Hi, Cathy. You look happy. What happened?
B: Yesterday was my birthday. My father bought me a new bike.
A: That's nice.
B: My sister gave me flowers, and my mother made a birthday cake for me.
Question: What was Cathy given by her sister?
A: やあ，キャシー。うれしそうですね。何がありましたか。
B: 昨日は私の誕生日でした。父が新しい自転車を買ってくれました。
A: すてきですね。

B: 姉が花をくれて，母は私に誕生日のケーキを作ってくれました。
質問：キャシーはお姉さんに何をもらいましたか。

2 (1) **This book isn't[is not] read in many countries.**
  (2) **Is English taught by Mr. Kondo this year?**
  (3) **Were these sent to him by his friends?**
  (4) **When can deer be seen?**

解説 (1) not は be 動詞のあとに入れる。
(2)(3) 疑問文は，be 動詞で始める。
(4)「シカはいつ見られますか。」という疑問文にする。疑問詞のあとは，〈助動詞＋主語＋be＋過去分詞〜?〉の語順になる。

3 (例)(1) **これらの手紙は中国語で書かれていません。**
  (2) **この窓はケンによって割られ[こわされ]ましたか。**
  (3) **私たちの犬は，公園で見つけられませんでした。**
  (4) **サッカーは世界じゅうの多くの国でプレーされていますか。**

解説 (2) broken は break（〜をこわす）の過去分詞。
(3) found は find（〜を見つける）の過去分詞。

4 (1) <u>Was</u> **the school trip planned by the students?**
  (2) <u>When</u> **were these pictures taken?**
  (3) **Will the fireworks festival be** <u>held</u> **this year?**

解説 (1) 主語が the school trip で過去の文なので，be 動詞 was を補う。
(3)「〜を開催する」は hold を使う。hold – held – held。

5 (1) **When was this temple built?**
  (2) **What language is spoken here?**
  (3) **These cookies weren't[were not] made by my mother.**

解説 (2)「何語」＝What language。
(3)「これらのクッキーは私の母によって作られませんでした。」と考える。

6 **ウ**

解説 I asked 〜とあるので，疑問文を選ぶ。ウェイターがフランス語を話し，そのあと英語でも話したことから，**ウ**の「ここではフランス語と英語が話されているのですか。」が正解。

定期テスト予想問題 ① (p.30-31)

1 (1) **C** (2) **エ**

解説 (1) ♪読まれた英文

A．This picture was taken in 2020.

B．This picture was taken in December.

C．The mountain is covered with snow.

D．The mountain is covered with clouds.

A．この写真は 2020 年に撮られました。

B．この写真は 12 月に撮られました。

C．山は雪でおおわれています。

D．山は雲でおおわれています。

(2) ♪読まれた英文

A: Mom, I want to buy some notebooks. Will you give me some money?

B: How much do you need?

A: I want a notebook with a picture of my favorite animal. It's 1 dollar, but they sell sets of five. Five notebooks is 4 dollars.

B: OK. Here you are. You will get 1 dollar in change, but you can have it.

A: Thanks, Mom. I love you.

Question: How much money was given to the boy?

A: お母さん，ノートを買いたいです。お金をくれますか。

B: いくら必要なの？

A: 大好きな動物の絵があるノートがほしいです。それは１ドルですが，５冊セットで売っています。５冊４ドルです。

B: わかったわ。はい，どうぞ。おつりが１ドルあります。それをあなたのものにしてもいいですよ。

A: ありがとう，お母さん。大好き。

質問：いくらのお金が少年に与えられましたか。

2 (1) **ウ** (2) **ア** (3) **イ** (4) **ア** (5) **イ**
(6)① **ウ** ② **ア** ③ **ア**

解説 (1)「私の父の車」が主語で前に be 動詞があるので，受け身の文。

(2) 助動詞 can のあとは動詞の原形が続く。be 動詞の原形は be。

(3)「フランス語」が主語なので受け身の文。

(4)「この新聞」が主語なので受け身の否定文。not の位置は be 動詞の後ろ。

(5) 受け身の疑問文なので be 動詞を使って答える。Yes と答えているので**ウ**ではない。

(6)①「マリアの誕生日パーティー」が主語なので受け身の文。will のあとは〈be ＋過去分詞〉。② 受け身の疑問文。「あなたはそのパーティーに招待されていますか」の文。③ 受け身の疑問文には be 動詞を使って答える。

3 (1) Our house was <u>built</u> five years ago.
(2) This chair is <u>made</u> of wood.
(3) My computer was not <u>used</u> by the students.

解説 (1) build の過去分詞は built。

(2)「〜でできている」（材料が見てわかる）＝be made of 〜。「〜からできている」（原料が見てわからない）というときは be made from 〜 を使う。

(3) not の位置に注意する。

4 (1)① known ② sung
(2) not interested in
(3) Yes, she was.

解説 (1)①「彼は多くの人に知られています。」という文にする。

② 過去分詞にする。sing は不規則に変化する。

(2)「〜に興味がある」＝be interested in 〜。not 〜 so much で「あまり〜ない」という意味になる。

(3)「美加はビルがヒカリを知らなかったことに驚きましたか。」という質問。前半の内容から考える。

7 現在完了形 ① （継続）

Step 1 基礎力チェック問題 (p.32-33)

1 (1) has, since (2) wanted, for
(3) have, since (4) been studying, for

解説 (1)〜(3)「ずっと〜している」という「継続」を表す現在完了形。〈have[has]＋過去分詞〉で

表す。

(2) for a long time＝「長い間」。

(3) he was a child（彼は子どもだった）は「彼を知っている」という状態が始まった時期を表す文なので，since を選ぶ。<u>when（～のとき）は，現在完了形といっしょに使えない。</u>

(4) 現在完了進行形〈have[has] been＋動詞の ing 形〉の形。

2 (1) have been　　(2) has played
　　(3) has been playing　(4) have known

解説 (1) be 動詞の過去分詞は been。

(2) play は動作を表す動詞だが，since ～や for ～のような期間を表す語句があり，その期間が長いときには，現在完了形〈have[has]＋過去分詞〉で表すこともできる。

(3) ここは，play が動作を表す動詞で，2 時間ずっと play が続いているということなので現在完了進行形〈have[has] been＋動詞の ing 形〉で表す。

(4)「ジョンと私は 2017 年からおたがいにずっと知っています。」と考え，現在完了形にする。each other＝「おたがい」。

3 (1) have not been　(2) haven't seen[met]
　　(3) hasn't talked[spoken]
　　(4) hasn't eaten[had]

解説 否定文では，not は have[has] と過去分詞の間に入れる。

4 (1) Has, lived　(2) Have, been
　　(3) Has, been

解説 疑問文は Have[Has] で文を始めて，〈Have[Has]＋主語＋過去分詞 ～?〉の語順。答えの文にも have[has] を使う。

(3)「アヤは 1 時間ずっと走っています。」という意味の文。

Step 2 実力完成問題　　(p.34-35)

1 (1) **A**　(2) **ウ**

解説 (1) ♪読まれた英文

A．Eric has been playing tennis for 4 hours.

B．Eric has played tennis since he was eight.

C．Eric has wanted to play tennis since he was eight.

D．Eric has been watching a tennis game for 2

hours.

　A．エリックは 4 時間テニスをしています。

　B．エリックは 8 歳のときからテニスをしています。

　C．エリックは 8 歳のときからテニスをしたいと思っています。

　D．エリックは 2 時間テニスの試合を見ています。

(2) ♪読まれた英文

A: Kevin, are you still in this library? I heard my sister saw you here this morning.

B: Hi, Rika. I came here at 10 in the morning.

A: It's 3 in the afternoon now.

B: I've been reading magazines. I'll borrow some books when I go home, too.

Question: How long has Kevin been in the library?

A: ケビン，まだこの図書館にいるの？　妹が今朝ここであなたを見たって聞いたよ。

B: やあ，リカ。ぼくは午前 10 時にここに来たんだ。

A: 今は午後 3 時よ。

B: ずっと何冊かの雑誌を読んでいる。帰るときも何冊かの本を借りるつもりだよ。

質問：ケビンはどのくらいの間，図書館にいますか。

2 (1) Kate has lived here since last January.
　　(2) I haven't[have not] played soccer
　　　　since I was eight.
　　(3) How long has Akira known Yuta?

解説 (1) 主語が Kate なので，〈has＋過去分詞〉の形にする。

(2) not を have のあとに入れる。

(3)「アキラはどのくらいの間，ユウタを知っていますか。」と期間をたずねる疑問文にする。

3 (1) I've wanted this watch for a long
　　　　(time.)
　　(2) It has been raining since (last
　　　　Saturday.)
　　(3) How long has Sakura lived in
　　　　(Kyoto?)

解説 (1)「長い間」＝for a long time。

(2)「ずっと雨が降っている」は現在完了進行形を使って，It has been raining で表す。

(3)「どのくらいの間〜」は How long を文の最初におき，そのあとに現在完了形の疑問文を続ける。

④ (1) **Have you / Yes, have**

(2) **How long has**

(3) **Has，been / Yes，has**

[解説] (1) B が「5 歳のときにテニスをし始めた」と答えていることに注目する。

(2) B は期間を答えている。

(3) B が「彼女は今日，何もすることがない」と言っていることに注目する。

⑤ (1) **I've[I have] wanted this bike[bicycle] for two years.**

(2) **Have you been watching TV since this morning?**

(3) **We've[We have] been good friends since Nancy came to Japan.**

[解説] (2)「今朝から（ずっと）」は since this morning。

(3)「ナンシーが日本に来てから（ずっと）」は since のあとに Nancy came to Japan という過去の文を続ける。

⑥ ① **play**　② **played[been playing]**

[解説] 時制は同じ文の中にある語句や，文脈で判断する。

① be going to のあとの動詞は原形。

② have があるので現在完了形。過去分詞にする。現在完了進行形で表すこともできる。

---

8 現在完了形 ②（経験）

Step 1 基礎力チェック問題 （p.36-37）

① (1) イ　(2) ア　(3) ア　(4) イ

[解説] (1) once（1 回）があるので，経験の現在完了形。

(2) for a long time（長い間）があるので，継続の現在完了形。

(3) have[has] been to 〜 =「〜へ行ったことがある」。経験の現在完了形。

(4) never（一度も〜ない）があるので，経験の現

在完了形。

② (1) **once**　(2) **ever**　(3) **never**　(4) **before**

[解説] (1)「1 回」は once。

(2)「今までに」は ever。

(3)「一度も〜ない」は never。

(4)「以前に」は before。

③ (1) **has eaten[had]**　(2) **I've been**

(3) **seen[watched]，twice**　(4) **Have，ever**

(5) **I haven't**　(6) **has never**

(7) **Has，helped**

[解説] (2) 空所の数から，I have は短縮形 I've を使う。I've gone to 〜. を使うこともある。

(5) Have you 〜? の疑問文には，have を使って答える。

(6)「一度も〜したことがない」は have[has] のあとに never を入れて表す。

④ (1) **has**　(2) **never[not] met**

(3) **How many**

[解説] (1) Has 〜? には has を使って答える。

(2) No. と答えているので，「一度も会ったことがない」という文にする。

(3) 回数をたずねる疑問文に。

Step 2 実力完成問題 （p.38-39）

① (1) **B**　(2) **ア**

[解説] (1) ♪読まれた英文

A. Akira has climbed Mt. Fuji many times.

B. Sayaka has never climbed Mt. Fuji.

C. Miki has climbed Mt. Fuji three times.

D. Yuji has climbed Mt. Fuji once.

A. アキラは何度も富士山に登ったことがあります。

B. サヤカは一度も富士山に登ったことがありません。

C. ミキは 3 回富士山に登ったことがあります。

D. ユウジは 1 度富士山に登ったことがあります。

(2) ♪読まれた英文

A: Have you ever been to Kyoto, Liam?

B: No, I haven't. I've wanted to visit Kyoto.

A: How about Tokyo?

B: I've been to Tokyo three times, and Osaka

once.

A: I've wanted to visit Osaka, but I've never been there.

Question: Has Liam ever been to Osaka?

A: あなたは今までに京都に行ったことがありますか，リアム。

B: いいえ，ありません。行きたいと思っています。

A: 東京はどうですか。

B: 東京には 3 回，大阪には 1 回行ったことがあります。

A: 私は大阪に行きたいと思っていますが，一度も行ったことがありません。

質問：リアムは今までに大阪に行ったことがありますか。

ア　はい。彼はそこに 1 回行ったことがあります。

イ　はい。彼はそこに 2 回行ったことがあります。

ウ　はい。彼はそこに 3 回行ったことがあります。

エ　いいえ。彼はそこに 1 度も行ったことがありません。

② (1) been to, times　(2) never bought
(3) has worked, before
(4) Have, ever cried

解説 (1)「～に行ったことがある」はふつう have been to ～で表す。3 回以上の回数は，～ times で表す。

(2)「一度も～ない」は never。such (a) ～=「そんなに～な」。

③ (1) They have been to Okinawa once.
(2) Tom has lived in Tokyo before.
(3) Sakura has never written (a letter) to him.
(4) Have you ever played the flute?

解説 (1)「～に行ったことがある」はふつう have been to ～を使う。

(2)「以前に」は before で表す。

(3)「～に手紙を書く」は write to ～。

④ (1) I've stayed with my uncle many <u>times</u>.
(2) Akira has <u>never[not]</u> had coffee.
(3) <u>How</u> many times have you visited Kyoto?

解説 (1)「何度も，何回も」=many times。

(2)「一度も～ない」は never を使う。

(3) 回数をたずねるときは，how many times を使う。

⑤ (1) Have you (ever) played tennis?
— Yes, I have.
(2) I've[I have] seen[met] a famous singer (before).

解説 (1)「～したことがありますか」は〈Have＋主語＋(ever)＋過去分詞～?〉。

⑥ イ

解説 B の発言内容は「ありがとう。ぼくは英語を 8 年間勉強しています。[　　]そこにいる友達とよく電話で話します」。空所の直後の文中の there（そこにいる）がカナダを指すと考えると文意が通るので，イの「ぼくは以前にカナダに住んだことがあります。」が正解。ア「ぼくは一度も外国に住んだことがありません。」ウ「あなたは今までに英語を勉強したことがありますか。」エ「ぼくはずっと旅行に行きたいと思っています。」

9　現在完了形 ③（完了）

Step 1 基礎力チェック問題 (p.40-41)

① (1) イ　(2) ア　(3) イ　(4) イ

解説 すべて完了の現在完了形。キーワードに着目。

(1) just=「ちょうど」。

(2) already=「すでに，もう」。

(3) 疑問文で yet が使われると，「もう～しましたか」の意味になる。

(4) 否定文で yet が使われると，「まだ～ない」という意味になる。

② (1) already　(2) since　(3) yet
(4) just　　(5) ever

解説 (1) 肯定文の「もう」は already を使う。

(2)「ずっと～している」は継続の現在完了形。「～から，～以来」は since を使う。

(3) 疑問文の「もう」は yet を使う。

(4)「ちょうど」は just。

(5)「今までに～したことがありますか」は経験の現在完了形。「今までに」は ever。

③ (1) just come[got/gotten] (2) I've, read
(3) haven't, yet

解説 (1) 動詞は過去分詞にする。

(2) read の過去分詞は read[red レッド]。

> **ミス対策** read や put のように，現在形と過去形・過去分詞が同じ形の動詞に気をつける。

④ (1) has, left (2) already listened
(3) Have, met[seen] (4) haven't, yet
(5) has, heard

解説 (1)(2) just, already は，have[has] と過去分詞の間におく。

(3)(4) yet は疑問文では「もう」，否定文では「まだ」という意味になる。

Step 2 実力完成問題 (p.42-43)

① (1) C (2) ア

解説 (1) ♪ 読まれた英文

A. The man has just finished lunch.

B. The man hasn't finished lunch yet.

C. The man has just washed the dishes.

D. The man hasn't washed the dishes yet.

A. 男の人はちょうど昼食を終えたところです。

B. 男の人はまだ昼食を終えていません。

C. 男の人はちょうど皿を洗ったところです。

D. 男の人はまだ皿を洗っていません。

(2) ♪ 読まれた英文

A: What are you going to do this weekend, Sota?

B: I'm going to visit my uncle. I'm going to go fishing with him.

A: That sounds good. Have a nice weekend.

B: You, too.

Question: Has Sota made plans for this weekend yet?

A: あなたはこの週末何をするつもりですか，ソウタ。

B: 私はおじさんを訪問するつもりです。彼とつりに行く予定です。

A: それはいいですね。すてきな週末を過ごしてください。

B: あなたもね。

質問：ソウタはもうこの週末の計画を立てていますか。

ア はい，立てています。

イ はい，彼はすでにそこに着いています。

ウ いいえ，まだ立てていません。

エ いいえ，彼は1度もそれを決めたことはありません。

② (1) I've just finished (2) Have, sent, yet
(3) hasn't done, yet (4) have already

解説 (1) 空所の数より，I have は I've と短縮形にする。finish using 〜「〜を使い終える」の finish を過去分詞にする。

(2) send の過去分詞は sent。「もう」は疑問文では yet を使う。

(3) has not は短縮形 hasn't を使う。否定文で「まだ〜していない」は yet を使う。

(4) 主語の Mr. and Ms. Kondo（近藤夫妻）は複数なので，have を使う。

③ (1) ウ (2) ア (3) イ

解説 (1) B が〜，I have. と答えていることから，ウ。

(2) A「あなたたちは文化祭で何をする予定ですか。踊りますか，歌いますか，それとも劇を上演しますか。」 B「まだ決めていません。」

(3) B があとで「彼はまだ箱にいくつかおもちゃを入れなければなりません。」と答えていることから，否定の答えを選ぶ。Not yet. で「まだです。」の意味。Has 〜? とたずねられているので，ウは不可。

④ (1) Kumiko and her mother <u>have</u> just made some sandwiches.

(2) The train has <u>already</u> left.

(3) When <u>did you borrow</u> this book?

解説 (1) 主語は Kumiko and her mother で複数なので，have を使う。

(2) 肯定文で「もう〜してしまった」と言うときは，yet ではなく already を使う。

結果の現在完了形

(2)の英文は，「〜してしまった（その結果，今は…だ）」と結果を表す現在完了形の文。leave, go, become, lose などの動詞が使われることが多い。

(3) when は現在完了形といっしょに用いること
ができない。過去の疑問文にする。

5 (1) **Have you done your homework yet?**
　(2) **John's brother has not come here yet.**
　(3) **Ann has just eaten lunch.**

解説 (1) just が不要。
(2) never は「一度も〜ない」という意味で，経
験の完了形とともに使う。
(3) ate は過去形。

6 **I've[I have]（already）arrived at the
station.**

解説 「もう〜してしまった」と完了の意味を表す
現在完了形を使う。I've[I have]（already）got
[gotten] to the station. や I'm already at the
station. でもよい。

定期テスト予想問題 ② （p.44-45）

1 (1) **B** (2) **エ**

解説 (1) ♪読まれた英文
A. The girl has just finished her homework.
B. The girl hasn't finished her homework yet.
C. The girl has just washed the dishes.
D. The girl hasn't washed the dishes yet.
A. その女の子はちょうど宿題を終えたところで
す。
B. その女の子はまだ宿題を終えていません。
C. その女の子はちょうど皿を洗ったところです。
D. その女の子はまだ皿を洗っていません。

(2) ♪読まれた英文
A: Hi, Joe, where are you going?
B: I'm going to a restaurant to eat something.
A: It's still eleven o'clock.
B: I know, but I'm very hungry.
A: Why?
Question: What will Joe say next?
A: やあ，ジョー，どこへ行くのですか。
B: 何か食べにレストランへ行きます。
A: まだ，11時ですよ。
B: わかっていますが，とてもおなかがすいてい
るんです。
A: どうして？

質問：ジョーは次に何と言うでしょうか。
ア．私は昨日からずっとひまです。
イ．私はすでに昼食を食べました。
ウ．私はそのレストランに行ったことがありませ
ん。
エ．私は今朝から何も食べていません。

2 (1) **イ** (2) **イ** (3) **ア** (4) **イ**
　(5) **ウ** (6) **ウ** (7) **ア**

解説 (1)「私が5歳のときから（ずっと）」という
意味になる。when は現在完了形といっしょに使
うことはできない。
(2) Aya が主語なので Has を使う。
(3) have[has] been to 〜 =「〜へ行ったことがあ
る」。
(4) before =「以前に」。

> ミス対策 yesterday のような過去を表す語句
> は単独では現在完了形といっしょに使うこ
> とはできない。

(5) never =「一度も〜ない」。
(6) 現在完了形は〈have[has] ＋過去分詞〉の形。
had は have の過去分詞。ここは否定文。
(7) already =「すでに，もう」。

3 (1) **have known, for** (2) **Has, ever**
　(3) **How many times** (4) **never been**

解説 (1) know の過去分詞は known。「〜の間」は
for を使う。
(2)「今までに」＝ever。
(3)「何回〜したことがありますか」は〈How
many times have[has] ＋主語＋過去分詞〜?〉で
表す。
(4)「一度も〜したことがない」は，have[has] と
過去分詞の間に never[not] を入れて表す。

4 (1)① **Have you ever lived in（a foreign
　　country, Taro?）**
　　③ **I have wanted to visit Australia for
　　a long time.**
　(2) **How long have you studied it?**
　(3) **×**

解説 (1)① ever の位置に注意する。
③ for a long time =「長い間」。
(2)「どのくらいの間」と期間をたずねるときは

how long を使う。現在完了進行形を使って，How long have you been studying it? としてもよい。

(3) 対話文の前半で，太郎は外国に住んだことがないことがわかる。対話文中に出てくる English, Australia にひっかからないように注意する。

10 助動詞 ①

1 (1) play　(2) cannot　(3) could
(4) wasn't　(5) Were

解説 (1) 助動詞のあとは，主語が何であっても動詞の原形が続く。

(2)「～することができない」は can の否定形のcannot。

(3)「～することができた」は can の過去形のcould。

(4)「～することができる」は be able to ～でも表すことができる。

(5) 文の中に able to ～があることに注目。be able to ～の疑問文は be 動詞で文を始める。

2 (1) Can[Will/Could] you
(2) Can[May] I

解説 (1)「～してくれませんか」と依頼するときは，Can you ～? を使う。

(2)「～してもよいですか」と許可を求めるときは，Can I ～? や May I ～? を使う。

3 (1) 本当かもしれません
(2) 来ないかもしれません
(3) 使ってもいいですか

解説 (1)(2) may は「～してもよい，～かもしれない」を表す。

(3) May I ～? =「～してもよいですか」。

4 (1) must do　(2) have to go
(3) must not　(4) doesn't have[need] to
(5) Do, have

解説「～しなければならない」は must，またはhave[has] to ～で表すことができる。

(1) must のあとの動詞は原形。

(2) have to のあとの動詞は原形。

(3) must not ～は「～してはいけない」という禁

止の意味を表す。

(4) don't[doesn't] have to ～は「～する必要はない」という意味を表す。

> **ミス対策** must と have to はどちらも「～しなくてはならない」という意味だが，否定形では意味が異なる。

(5) have[has] to ～の疑問文は，Do[Does] で文を始める。

1 (1) C　(2) A

解説 (1) ♪読まれた英文

A: I feel a little hot in this room.

B: Me, too.

A: Can I open the window?

B: (チャイム)

A. Sorry, I'm using it.

B. Yes, I can.

C. Yes, please.

D. That's too bad.

A: この部屋少し暑く感じますね。

B: 私もです。

A: 窓を開けてもいいですか。

B: (チャイム)

A. ごめんなさい，今使っています。

B. はい，私はできます。

C. はい，お願いします。

D. それはいけませんね。

(2) ♪読まれた英文

A: Hi, Nick. Can you help me with my homework after school?

B: Sorry, I can't, Naomi.

A: Why not?

B: (チャイム)

A. I have to take care of my little brother.

B. The library is far from my house.

C. I don't have anything to do today.

D. You may go home soon.

A: ねえ，ニック。放課後宿題を手伝ってくれますか。

B: ごめん，だめなんです，ナオミ。

A: どうしてだめなの？

B: （チャイム）

　Ａ．弟の世話をしなければならないんです。

　Ｂ．図書館はぼくの家から遠いです。

　Ｃ．今日はすることが何もないです。

　Ｄ．すぐに家に帰ってもいいですよ。

② (1) must answer　(2) may come

　(3) had, clean

　(4) doesn't have[need] to

　(5) must be

解説 (1)〈must＋動詞の原形〉で「～しなければならない」。

(2)〈may＋動詞の原形〉で「～かもしれない」。

(3)「～しなければならなかった」は have[has] to ～の過去形 had to ～。

(4)「～する必要がない」は have[has] to ～の否定文で表す。don't[doesn't] have to ～になる。

(5) must は「～にちがいない」という意味も表す。

③ (1) May I ask you a question?

　(2) Does she have to do her homework?

　(3) Can you show me around Kyoto?

解説 (1)「～してもいいですか」＝May I ～?。must が不要。

(2) 疑問文では have to を使うので，has が不要。

(3)「～してくれませんか」＝Can you ～?。may が不要。「～に…を案内する」は〈show＋人＋around＋場所〉。

④ (1)イ　(2)ウ　(3)ア

解説 (1) A「お母さん，昼食後に由香と映画に行ってもいいですか。」　B「いいですよ，でもまず宿題をしなければなりませんよ。」

(2) A「今日彼に電話をしなければなりませんか。」B「いいえ，その必要はありません。」have[has] to ～（～しなければならない）の否定形は don't[doesn't] have to ～。「～してはならない」という意味ではなく「～する必要はない」という意味になるので，注意が必要。

(3) A「塩をとってくれませんか。」　B「いいですよ。さあ，どうぞ。」

⑤ (1) Can[Will/Could/Would] you help me with my homework?

　(2) We were able to see[meet] our

uncle last Sunday.

解説 (1)「～してくれますか」は Can[Will/Could] you ～? を使う。「～の宿題を手伝う」は help ～ with …'s homework で表す。

⑥ ① 私は日本の歴史についてのレポートを書かなくてはなりません。

　② 今週の土曜日の野球の試合に来てくれますか。

解説 ① have to ～＝「～しなければならない」。

② Can you ～?＝「～してくれますか」。

11　助動詞 ②

Step 1 基礎力チェック問題（p.50-51）

① (1)イ　(2)ア　(3)イ

　(4)ア　(5)ア

解説 (1) I'd like ～.＝「～がほしいのですが」。

(2) Would you like ～?＝「～はいかがですか」。

(3) Would you ～?＝「～してくださいませんか」。

(4) Would you like to ～?＝「～しませんか」。

(5) I'd like to ～.＝「～したいのですが」。

② (1) like　　　　　　(2) like to

　(3) Would[Could] you　(4) Would you

　(5) thank you　　　　(6) Would you

解説 (1) I'd like ～は I want ～のていねいな表現。

(2) I'd like to ～は I want to ～のていねいな表現。

(3) Will you ～? や Can you ～? よりていねいな依頼の表現。

(4) 人に物をすすめるときによく使われる表現。

(5) Would you like to のあとには動詞の原形が続く。

③ (1) Shall I　(2) please

　(3) Shall we　(4) let's

解説 (1)「（私が）～しましょうか」と言うときは，Shall I ～? を使う。

(3)「（いっしょに）～しましょうか」と言うときは，Shall we ～? を使う。

(4)「はい，そうしましょう。」なら Yes, let's. と言う。

④ (1)イ　(2)ウ　(3)ア

解説 (1) 問題文は「ドアを閉めましょうか。」な

ので，**イ**「はい，お願いします」。

(2) 問題文は「私たちのテニス部に入部しませんか。」なので，**ウ**「はい，喜んで」。I'd love to のあとには join your tennis team が省略されている。

Step 2 実力完成問題　　（p.52-53）

1 (1) D　(2) B

解説 (1) ♪読まれた英文

A: Hello?

B: Hello. This is Noah.

A: Hi, Noah. What's up?

B: I got to the station, but it's raining here. Can you pick me up?

A: Sure. Where should I go?

B: （チャイム）

A．I'd like to have spaghetti.

B．I'll be there soon.

C．At five thirty.

D．The front of the station.

A: もしもし？

B: もしもし。ノアです。

A: あら，ノア。どうしたの？

B: 駅に着いたけど，ここは雨が降っているんだ。迎えに来てくれる？

A: いいわ。どこに行けばいいの？

B: （チャイム）

A．私はスパゲッティを食べたいです。

B．すぐそこに行きます。

C．5時30分に。

D．駅前に。

(2) ♪読まれた英文

A: Hi, Aki. Are you free next Saturday?

B: Yes, but why?

A: I'd like to go to the movies. Would you like to come with me?

B: （チャイム）

A．It was really great.

B．That sounds like fun.

C．No, you don't have to.

D．I'd like something hot to drink.

A: こんにちは，アキ。次の土曜日，あいてる？

B: ええ，でも，なぜ？

A: 映画に行きたいんだ。いっしょに行かない？

B: （チャイム）

A．本当にすばらしかったわ。

B．楽しそうね。

C．いいえ，あなたはそうする必要はないわ。

D．何か温かい飲み物がほしいわ。

2 (1) we　　(2) like to

　(3) Shall I　(4) Would

解説 (1)「（いっしょに）〜しましょうか」は Shall we 〜? で表す。

(2)「〜したいのですが」は I'd like to 〜. の形。

(3)「（私が）〜しましょうか」は Shall I 〜? の形。

(4)〈Would you like A or B?〉で「AかBかどちらがほしいですか」とていねいにたずねる意味になる。

3 (1) ア　(2) ア　(3) ウ

解説 (1) B が「水が一杯ほしい」と答えているので，**ア**の「あなたは何が飲みたいですか。」を選ぶ。**イ**「あなたは水を一杯ほしいですか。」　**ウ**「どちらがあなたのコップですか。」

(2) Shall we 〜? には Yes, let's. などで答える。

(3) B が「いいですよ。おにぎりを作りましょう。」と答えているので，**ウ**の「私のために昼食を作ってくれますか。」を選ぶ。**ア**「あなたのために昼食を作りましょうか。」　**イ**「私といっしょに昼食を食べに外に行きませんか。」

4 (1) Shall I clean your room?

　(2) I'd like to invite you to the party.

　(3) Would you like to dance with me?

　(4) When shall we meet next?

解説 (1) Shall I 〜? =「（私が）〜しましょうか」。

(2) I'd like to 〜. =「〜したいのですが」。

(3) Would you like to 〜? =「〜しませんか，〜するのはいかがですか」。

(4) Shall we 〜? =「（いっしょに）〜しましょうか」。疑問文では，疑問詞はいつも文の最初におく。

5 (1) 私は新しい自転車を買いたいのですが。

　(2)（いっしょに）テレビでサッカーの試合を見ましょうか。

解説 (1) I'd like to 〜 =「〜したいのですが」。

(2) Shall we 〜? =「（いっしょに）〜しましょう

か」。on TV =「テレビで」。

6 （例）**Shall I answer it[the phone]?**

解説 電話がかかってきた，という場面。直後でお母さんが Yes, please.（はい，お願いします。）と言っていることから，「（私が）電話に出ましょうか。」という文を書く。「（電話）に出る」は answer を使う。

定期テスト予想問題 ③　　（p.54-55）

1 (1) イ　(2) ア

解説 (1) ♪読まれた英文

A: These cookies look delicious, Chloe. Did you make them?

B: Yes, Bill. I like making cookies.

A: Can I try one?

Question: What will the woman say next?

A: このクッキーおいしそうだね，クロエ。あなたが作ったの？

B: そうよ，ビル。私はクッキーを作るのが好きなの。

A: 1つ食べてもいい？

質問：女の人は次に何と言うでしょうか。

ア．ごめんなさい，それは私のじゃないの。

イ．いいわよ，どうぞ。

ウ．母は料理が得意よ。

エ．あの店で売っています。

(2) ♪読まれた英文

A: Meg, shall we go to the museum tomorrow?

B: Yes, let's, Eric. What time shall we meet? How about one in the afternoon?

A: Can we meet at eleven in the morning? I know a nice restaurant near the museum. How about going there before the museum?

B: All right.

Question: Why does Eric want to meet Meg at eleven?

A: メグ，明日，博物館に行きましょうか。

B: ええ，そうしましょう，エリック。何時に会いましょうか。午後1時はどうですか。

A: 午前11時に会えますか。博物館の近くにすてきなレストランを知っています。博物館の前にそ

こに行くのはどうですか。

B: わかりました。

質問：なぜエリックは11時にメグに会いたいのですか。

ア．彼は博物館に行く前にメグと昼食を食べたいから。

イ．彼は昼食を食べる前に博物館に行きたいから。

ウ．彼は12時に博物館に行きたいから。

エ．彼は博物館に行ったあと夕食を食べたいから。

2 (1) イ　(2) ア　(3) イ　(4) ウ　(5) ウ　(6) ア

解説 (1)「〜にちがいない」は must。

(2) Shall I 〜? は「（私が）〜しましょうか」。Shall we 〜? は「（いっしょに）〜しましょうか」。

(3) Can I 〜? は「〜してもいいですか」。Must I 〜? は「〜しなければなりませんか」という意味になる。

(4) Would you like 〜? は，「〜はいかがですか」と物をすすめるときの表現。

(5)「〜しなくてもよい」は don't have to 〜。

(6)「〜かもしれない」は may。may には「〜してもよい」という意味と「〜かもしれない」という意味があることに注意する。

3 (1) **Would you like to go shopping (this afternoon?)**

(2) **Would you take me to the hospital?**

(3) **I'd like to go to the party (with you.)**

(4) **(Mike) will be able to play the guitar (well.)**

解説 (1)「〜しませんか」= Would you like to 〜?

(2)「〜してくれますか」= Would you 〜?。Will you 〜? よりていねいな表現。

(3)「〜したいのですが」= I'd like to 〜。

(4)「〜できるでしょう」= will be able to 〜。

4 (1) **He has to go to bed early (tonight).**

(2) 1. ○　2. ×

解説 (1) 6行目参照。主語が3人称単数になるので has to にする。

(2) 1.「雄二は，頭痛がしたので斉藤先生の部屋に行きました。」雄二が最初の発言で，Ms. Saito, may I come in?（斉藤先生，入ってもよろしいですか。）と言っていることに注意する。また，雄

二は2番目の発言で「頭痛がする」と言っている。

2.「斉藤先生は，雄二に何もしてあげませんでした。」斉藤先生の2番目の発言の I'll give you some medicine（あなたに薬をあげましょう）から考える。

12　いろいろな不定詞①

Step 1　基礎力チェック問題（p.56-57）

1 (1) **ウ** (2) **エ** (3) **イ** (4) **ア**

解説 不定詞はその働きによって，名詞的用法，副詞的用法，形容詞的用法に分けられる。

(1)「私は医師になるために一生懸命勉強しています。」…副詞的用法。ウは「テレビを見るために」。

(2)「彼女が試合に負けたと知って，彼は悲しんでいました。」…感情の原因を表す副詞的用法。エは「新聞を読んで驚いた」。

(3)「久美は東京に行きたがっています。」…名詞的用法。イは「泳ぐことが好きだ」。

(4)「その子どもは，読むための本を何冊か持っています。」…形容詞的用法。アは「するべき宿題」。

2 (1) happy[glad] to (2) was surprised
(3) sad to hear

解説 感情を表す形容詞のあとに，「〜して」とその感情の原因を表す不定詞〈to＋動詞の原形〉を続ける。

(1) be happy[glad] to see[meet] 〜＝「〜に会えてうれしい」。

(2) be surprised to 〜で「〜して驚く」という意味。

(3) be sad to hear 〜＝「〜を聞いて悲しい」。

3 (1) It's, to (2) It's, for
(3) for her (4) It's important to

解説 (1) It … to 〜. の形。空所の数から，It is は短縮形 It's にする。

(2)「健にとって」は for Ken の形。to 〜の前におく。

(3) for のあとに代名詞を続ける場合は，目的格にする。

4 (1) It is interesting to study foreign languages.

(2) It is good for our health to play sports.

解説 It … (for＋人) to 〜. の形にする。

(1) foreign language＝「外国語」。

Step 2　実力完成問題　　　（p.58-59）

1 (1) **イ** (2) **ア**

解説 (1) ♪読まれた英文

A: Hi, Chris. You're good at tennis. Do you want to be a tennis player in the future?

B: Hi, Jane. I like tennis, but I also like to play the piano. I want to play the piano as a job in the future. How about you?

A: I like science, so I want to study it more.

Question: What does Chris want to be in the future?

A: こんにちは，クリス。テニスが上手ですね。将来テニスの選手になりたいのですか。

B: やあ，ジェーン。私はテニスが好きだけど，ピアノを弾くことも好きなんだ。だから，将来は仕事としてピアノを弾きたいです。あなたはどうですか。

A: 私は科学が好きだから，もっと科学を勉強したいです。

質問：クリスは将来何になりたいですか。

(2) ♪読まれた英文

A: Hi, Taku. What do you like to do in your free time?

B: I like to play games, Linda.

A: Look at this. I asked 40 students in my class about that. A lot of students play games in their free time. I was surprised to know that reading books is not popular.

B: I know it's important to read books, but I don't spend much time reading.

A: I think we should read more books.

Question: What surprised Linda?

A: やあ，タク。あなたはひまなとき何をするのが好きですか。

B: ゲームをするのが好きです，リンダ。

A: これを見て。私はクラスの40人の生徒にそれについてたずねました。たくさんの生徒がひまな

ときにゲームをするのが好きです。私は読書が人気でないことを知って驚きました。

B: 読書が大事だということはわかっていますが，あまり読書に時間をかけないです。

A: 私たちはもっと本を読むべきだと私は思います。

質問：何がリンダを驚かせましたか。

ア．読書が人気でないこと。

イ．タクが本を読まないこと。

ウ．たくさんの生徒がゲームをすること。

エ．何人かの生徒が彼女の質問に答えなかったこと。

② (1) to hear　　(2) to talk
　　(3) for, to write　(4) of

解説 (1) surprised（驚いた）という感情の原因を表す副詞的用法の不定詞（to＋動詞の原形）。「〜して…」という意味を表す。

(2) time を修飾する形容詞的用法の不定詞。talk with 〜＝「〜と話をする」。

(3) 〈It … (for 人) to 〜.〉（（人にとって）〜することは…だ）の疑問文。〜の部分には動詞の原形がくる。主語の It は「とりあえずの主語（形式的な主語）」で，「それは」という意味はない。「（人）にとって」は前置詞 for を使う。

(4)

> ミス対策 be 動詞のあとに kind など人の性質を表す形容詞がくる場合，前置詞は for ではなく of を使う。

③ (1) It, for us　(2) want to be[become]
　　(3) to eat　　(4) sad to read
　　(5) surprised to know[learn]

解説 (1) 〈It … (for 人) to 〜.〉＝「（人にとって）〜することは…だ」。for のあとの代名詞は目的格になる。

(2) want to be 〜＝「〜になりたい」。

(5) be surprised to 〜＝「〜して驚く」。will のあとなので，be 動詞の原形 be が続いている。

④ (1) I'm very happy <u>to</u> buy this watch.
　　(2) Sachiko is <u>sorry</u> to hear the news.
　　(3) (My brother) went to Australia <u>to</u> study English(.)

解説 (1)「〜して…」と感情の原因を表す不定詞の表現。動詞の原形の前に to が必要。

(2)「残念な」＝sorry。

(3)「〜するために」は〈to＋動詞の原形〉で表す。また went Australia とはならないので注意。

⑤ (1) It's[It is] easy for me to play the
　　 guitar.
　　(2) I was surprised to see his new car.

解説 (1)「（人）にとって〜することは…だ」＝〈It is … for＋人 to 〜.〉。

(2)「〜して驚く」＝be surprised to 〜。

⑥ エ

解説 挿入する文の意味は「小さなことから始めることが大切です」。文の流れをとらえて答える。

【全文訳】

多くの国で，ごみの処理は大きな問題です。多くの人々がただごみを捨てています。ごみを置く十分な場所がなく，処理には費用がかさみます。もし私たちがごみを出し続けるとどうなるでしょうか。それについて考えたことがありますか。

缶や紙やペットボトルや他のいくつかのものは，ごみの量を減らすためにリサイクルすることができます。小さなことから始めることが大切です。私たちはもっと地球について考えなければなりません。

13　いろいろな不定詞 ②

（Step 1）基礎力チェック問題（p.60-61）

① (1) how　　(2) when
　　(3) where　(4) what

解説 (1)「〜への行き<u>方</u>」＝<u>how</u> to get to 〜。

(2)「<u>いつ</u>〜したらよいか」＝<u>when</u> to 〜。

(3)「<u>どこで</u>〜したらよいか」＝<u>where</u> to 〜。

(4)「<u>何を</u>〜したらよいか」＝<u>what</u> to 〜。

② (1) what to　(2) which to
　　(3) when to　(4) where to
　　(5) how to

解説 (1)「何を〜したらよいか」＝what to 〜。

(2)「どちらを〜したらよいか」＝which to 〜。

(3)「いつ〜したらよいか」＝when to 〜。

(4)「どこで〜したらよいか」＝where to 〜。to のあとは動詞の原形。

(5)「〜のしかた」＝how to 〜。to のあとは動詞の原形。

3 (1)**イ** (2)**イ** (3)**イ**

解説 「(人)に」を表す語(句)は,すべて to の前に入れる。

4 (1)too, to (2)too, to
(3)for, to

解説 「(あまりにも)…すぎて〜できない」は〈too … to 〜〉で表す。

(3)〈for＋人〉を to の前において,「(人)にとって」という意味を表す。代名詞は目的格にするので me になる。

Step 2 **実力完成問題** (p.62-63)

1 (1)**ウ** (2)**エ**

解説 (1) ♪読まれた英文

Paul usually goes to school by bike, but his bike was broken yesterday. So, this morning Paul asked his mother to take him to school by car, but she was too busy to drive him to school. She told him to take a bus to school. He has to do as he was told.

Question: How will Paul have to go to school?

ポールはふつう自転車で学校に行きますが,昨日,彼の自転車がこわれました。そこで今朝,ポールは母親に車で学校に連れて行ってくれるように頼みました。しかし,彼女は忙しすぎて彼を学校に送っていくことができませんでした。彼女は彼にバスに乗って学校に行くように言いました。彼は言われたようにしなければなりません。

質問：ポールはどのようにして学校に行かなければならないでしょうか。

ア．自転車で。

イ．自動車で。

ウ．バスで。

エ．歩いて。

(2) ♪読まれた英文

A: Hello?

B: Hello. This is Ken. May I speak to Helen?

A: Sorry, she is out now. She'll be back in a few hours.

B: I see. Could you tell her to call me back when she comes back?

Question: What will the woman say next?

A: もしもし？

B: もしもし。こちらはケンです。ヘレンさんと話せますか。

A: ごめんなさい,彼女は今,外出しています。2,3時間で帰るでしょう。

B: わかりました。彼女が帰ったら,私に電話をくれるように伝えていただけますか。

質問：女の人は次に何と言うでしょうか。

ア．わかりました。5時に会いましょう。

イ．わかりました。私は彼女にすぐ電話をかけてもらいたいです。

ウ．わかりました。私は2,3時間したら電話します。

エ．わかりました。私は彼女にそうするように言います。

2 (1)**ウ** (2)**オ** (3)**エ**

解説 (1)「(あまりにも)…すぎて〜できない」＝〈too … to 〜〉の形。too は形容詞の前に入れる。

(2)「〜のしかた」は how to 〜で表す。

(3)「何を〜したらよいか」は what to 〜で表す。

3 (1)want us to (2)too, to
(3)when to (4)told, to go
(5)what language to

解説 (1)〈want＋人＋to 〜〉の形。

(2)「(人)にとって—は(あまりにも)…すぎて〜できない」＝〈too＋形容詞[副詞]＋for(人)＋to 〜〉。

(3)「いつ〜したらよいか」なので,when to 〜を使う。〈tell＋O＋O〉の2つめの目的語が〈疑問詞＋to 〜〉になっている。<u>when I come 〜と接続詞 when のように使わない。</u>

(4)〈tell＋人＋to 〜〉＝「(人)に〜するように言う」。「寝る」＝go to bed。

> ミス対策 日本文につられて,「言った」を said としない。

(5)「何語」(what language)のあとに to study を続けて,「何語を勉強したらよいか」という意

23

味にする。

4 (1) This book is too difficult to read.
(2) They asked Ms. Suzuki when to come to school.
(3) We told him not to drive.

解説 (1)〈too … to ~〉の形にする。
(2)〈ask + 人 + when to ~〉の形にする。
(3)「(人)に~しないように言う」と言うときは，<u>not を to の前に入れて〈tell + 人 + not to ~〉の形にする。</u>

5 (1) My mother wants me to clean my room every week.
(2) Do you know how to make sushi?
(3) The[That] park is too small to play baseball.

解説 (1)〈want + 人 + to ~〉を使う。<u>(人)の部分に代名詞が入る場合は，目的格にする。</u>
(2)「~の作り方」は〈how to make ~〉を使う。
(3)「~するには…すぎる」は「…すぎて~できない」と考える。〈too … to ~〉を使う。

6 ① エ ② ア

解説 ① 直後にBがYes, I do. と答えていることから，**イ**か**エ**。**イ**の「あなたは私にいっしょに来てほしいですか。」では対話の流れがおかしくなるので，**エ**の「どうやってそこへ行ったらよいかわかりますか。」が正解。
② 駅への行き方を教えている場面の対話。Aが駅まで歩いて行けるかとたずね，Bが「そうは思わない。バスで約15分かかる。」と答えていることから，**ア**の「歩くには遠すぎます。」が正解。なお，**ウ**は「私はどのバスに乗ったらよいかわかりません。」という意味。

【全文訳】
A: すみません。みどり駅へ行きたいのですが。どうやってそこへ行ったらよいかわかりますか。
B: はい。5番のバスに乗ってください。バス停はあそこにあります。
A: 駅まで歩いて行けますか。
B: 無理だと思います。遠すぎて歩けません。バスで約15分かかりますよ。
A: わかりました。ありがとうございます。
B: どういたしまして。

24

定期テスト予想問題 ④ （p.64-65）

1 (1) エ (2) ア

解説 ♪読まれた英文

(1) *A:* Excuse me. Where is the nearest bus stop?
B: Go down three blocks, and you'll see it on your left.
A: Thank you very much.
B: You're welcome.
Question: Which is true?
A: すみません。最寄りのバス停はどこですか。
B: 3ブロック行ってもらえると，左手に見えます。
A: ありがとうございます。
B: どういたしまして。
質問：どれが本当ですか。
ア．男の人はいつ行けばよいか知りたがっていました。
イ．男の人は女の人にバス停に行くように頼みました。
ウ．女の人は男の人に道をたずねてほしいと思っていました。
エ．女の人はバス停への行き方を知っていました。

(2) ♪読まれた英文

A: Ellie, can you help me? Mom is too busy in the kitchen to help me.
B: OK, Jim. What do you want?
A: This math question is too difficult for me.
B: Let me see it. It's not easy, but you can answer it.
Question: Did Jim's mother help him?
A: エリー，手伝ってくれる？ お母さんは台所で忙しくって私を手伝うことができません。
B: いいわよ，ジム。何をしてほしいの？
A: この数学の問題が私には難しすぎます。
B: それを私に見せて。簡単ではないけど，あなたなら答えられるわよ。
質問：ジムのお母さんは彼を手伝いましたか。
ア．いいえ，彼女は台所でとても忙しかったです。
イ．いいえ，その問題は彼女にはとても難しかったです。
ウ．はい，彼女はそれを解くことができました。
エ．はい，彼女は台所で料理をしていました。

2 (1) told, to　(2) how to
　　(3) too, to　(4) when to
　　(5) surprised to

解説 (1)「（人）に～するように言う」は〈tell＋人＋
to ～〉の形を使う。
(2)「～のしかた」は how to ～を使う。
(3)「～するには…すぎる」は〈too … to ～〉の
形を使う。
(4)「いつ～したらよいか」は when to ～を使う。
(5)「～して驚く」は be surprised to ～を使う。
この to ～は感情の原因を表す不定詞。

3 (1) I didn't know what to do.
　　(2) She was sad to read the letter.
　　(3) It's difficult for Mike to write
　　　Japanese.

解説 (1)「何をすればよいか」は what to ～を使う。
(2) 感情の原因を表す不定詞。
(3)「（人にとって）～することは…だ」は，〈It is
… (for＋人) to ～.〉の形。

4 (1) Do you want me to open the door?
　　(2) これらの（歴史の）本全部を読むのは私に
　　　は難しすぎる［難しすぎてできない］。
　　(3) 1. ×　2. ○

解説 (1)「…に～してほしい」なので，〈want＋人
＋to ～〉の形。疑問文にする。Shall I open the
door? としてもよい。
(2) these は由美の2番目の発言の1文目の history
books を指す。books だけでもよい。
(3) 1.「由美は彼女の父親に，大きな箱を運んでく
れるよう頼みます。」そのような記述はない。
2.「由美は彼女の父親に宿題を手伝ってほしいと
思っています。」由美は2番目の発言で，Can
you help me with it?（それを手伝ってくれます
か。）と父親に頼んでいる。it は an assignment
を指す。

14 「AをBにする」

Step 1　基礎力チェック問題（p.66-67）

1 (1) Your song made me happy.
　　(2) Tom made her angry.

解説 〈make＋目的語＋補語〉の順になる。それ
ぞれ，(1)は me＝happy，(2)は her＝angry の関
係になっている。

2 (1) call　(2) named
　　(3) me　(4) the food cool

解説 (1)「AをBと呼ぶ」は call を使う。
(2)「AをBと名づける」は name を使う。
(3)「AをBにする」は make を使う。目的語は代
名詞の目的格（「～を」の形）。
(4)「AをB（の状態）に保つ」は keep を使う。
Aは目的語で名詞または代名詞が，Bは補語で形
容詞がくる。

3 (1) make, famous　(2) call me
　　(3) let me　　　　(4) Did, name
　　(5) is called

解説 (1)「有名な」は famous を使う。〈make＋目
的語（Mr. Tanaka）＋補語（famous）〉の順。
(2)〈call＋目的語（me）＋補語（Moe）〉の順。

ミス対策 目的語に代名詞がくる場合は，目的
格にする。

(3)〈let＋目的語（me）＋動詞の原形（introduce）〉
の順。
(4)「AをBと名づける」は name を使う。疑問文
のつくり方は，一般動詞の疑問文と同じ。
(5)「AをBと呼ぶ」は〈call A B〉で表す。受け
身の文にするので〈A is called B ～.〉の形にする。

4 (1) 私たちの町をきれいにしておかなければな
　　　りません
　　(2) 彼女を人気者にしました
　　(3) 私たちに教室をそうじさせました
　　(4) 彼女が本を図書室に持っていくのを手伝い
　　　ました

解説 (1)〈keep A B〉＝「AをB（の状態）に保つ」。
(2)〈make A B〉＝「AをB（の状態）にする」。
(3)〈make A＋動詞の原形〉＝「Aに～させる」。
(4)〈help A＋動詞の原形〉＝「Aが～するのを手
伝う」。

Step 2　実力完成問題　　　　（p.68-69）

1 (1) B　(2) ウ

解説 (1) ♪読まれた英文

A．The boy named it Mike.

B．The boy is called Mike.

C．We make Mike famous.

D．They call Mike from abroad.

A．その男の子はそれをマイクと名づけました。

B．その男の子はマイクと呼ばれています。

C．私たちはマイクを有名にします。

D．彼らは外国からマイクに電話をします。

(2) ♪読まれた英文

A: You look happy, Sarah.

B: Hi, Nick. Catherine sent me a card for my birthday.

A: When is your birthday?

B: It's today!

A: Oh, happy birthday, Sarah!

Question: What made Sarah happy?

A: うれしそうですね，サラ。

B: こんにちは，ニック。キャサリンが私の誕生日のためにカードを送ってくれたんだ。

A: あなたの誕生日はいつなの？

B: 今日だよ！

A: わあ，お誕生日おめでとう，サラ！

質問：何がサラをうれしくさせましたか。

ア．ニックのメール。

イ．ニックのプレゼント。

ウ．キャサリンのカード。

エ．キャサリンの誕生日。

2 (1) **call you** 　　(2) **keep，quiet**

　(3) **Did，make them** (4) **let**

　(5) **make me surprised**

解説 (1)〈call A B〉（AをBと呼ぶ）を使う。

(2)〈keep A B〉（AをB（の状態）に保つ）を使う。

(3) excited＝「興奮した」

(4)「（望んでいることを）させる」は，let。

(5)〈make A B〉（AをB（の状態）にする）を使う。Aにくる代名詞は目的格。surprised は形容詞。

3 **call it**

解説 Aが「それを日本語で何と呼びますか。」とたずねているので，「私たちはそれをチャーハンと呼びます。」と答える文にする。〈call A B〉＝「AをBと呼ぶ」。

4 (1) **They named the dog Kuro.**

(2) **The news made me happy.**

(3) **What is making you sad?**

(4) **He helped me wash the dishes.**

解説 (1)「AをBと名づける」なので，〈name A B〉の形にする。called が不要。

(2)〈make A B〉の形にする。A の部分に代名詞がくる場合は目的格なので，me を使う。I が不要。

(3)「何が〜」とたずねるときは，What を文の最初において動詞を続ける。do が不要。

(4)「Aが〜するのを手伝う」は〈help A ＋動詞の原形〉の形にする。made が不要。

5 (1) **Ken made his brother angry yesterday.**

　(2) **What do you call this in English?**

解説 (1)〈make A B〉の形にする。

(2)「何」とたずねるときは What を文の最初におき，そのあとに疑問文を続ける。

6 ① **is called** ② **made** ③ **make**

解説 ①〈call A B〉の受け身の文にする。

② be made of 〜は「〜から作られる」という意味。

③ make us feel cool は「私たちにすずしいと感じさせる」という意味。

15 名詞を後ろから修飾する語句

Step 1 基礎力チェック問題（p.70-71）

1 (1) **エ** (2) **イ** (3) **オ**

解説 前置詞から始まる語句（前置詞句）を名詞の後ろにおいて，後ろから名詞を修飾する形にする。日本語とは語順がかわるので注意する。

(1) a cat with long hair で「長い毛のねこ」。

(2) everything in this room で「この部屋のすべてのもの」。

(3) the notebook on the table で「テーブルの上のノート」。

2 (1) **living** 　(2) **standing**

　(3) **running** (4) **made**

　(5) **spoken** (6) **read**

解説 (1) live は e をとって ing をつける。

(3) run は n を重ねて ing をつける。

注意の必要な ing のつけ方

・live, make など e で終わる語 → e をとって ing。

・die など ie で終わる語 → ie を y にかえて ing。

・run, swim など短母音＋子音字の語 → 子音字を重ねて ing。

(4)〜(6) すべて不規則動詞。

(4) make – made – made

(5) speak – spoke – spoken

(6) read – read[red レッド] – read[red レッド]

③ (1) イ　(2) エ

解説 (1)〈現在分詞＋語句〉のように 2 語以上のときは，名詞のあとにおく。the woman running over there で「あそこで走っている女性」となる。

(2)「フランス製の自転車」は「フランスで作られた自転車」＝ a bike made in France と考える。名詞のあとに過去分詞から始まる語句をおく。

④ (1) boy listening　(2) man reading
　　(3) girl sitting

解説 (1) listening to music（音楽を聞いている）が that boy（あの男の子）を後ろから修飾している形。

(2) reading a book（本を読んでいる）が that man（あの男性）を後ろから修飾している形。

(3) sitting on the chair（いすにすわっている）が that girl（あの女の子）を後ろから修飾している形。sit の現在分詞は t を重ねて ing をつける。

⑤ (1) book written　(2) school built
　　(3) picture taken　(4) song loved

解説 (1) write（書く）の過去分詞は written。「〜によって」は by 〜。

(2) build の過去分詞は built。built 50 years ago（50 年前に建てられた）が a school（学校）を修飾している。

(3)「健が昨日撮った写真」は「健によって昨日撮られた写真」と考える。「写真を撮る」＝ take a picture。take – took – taken。過去分詞 taken を使う。

(4) loved by many young people（多くの若者によって愛されている）が a song（歌）を修飾している。

① (1) B　(2) イ

解説 (1)♪**読まれた英文**

A. Look at the boy standing by the chair.

B. Look at the boy reading on the chair.

C. Look at the boy with a cap in his hand.

D. Look at the boy with glasses.

A. いすのそばで立っている男の子を見てください。

B. いすで読書をしている男の子を見てください。

C. 手に帽子を持っている男の子を見てください。

D. メガネをかけている男の子を見てください。

(2)♪**読まれた英文**

There are four girls in the classroom. The girl standing by the window is Emma. The girl wearing glasses is Jane. The girl talking with Jane is Naomi. The girl drinking juice is Moe.

Question: Which is Jane?

教室に 4 人の女の子がいます。窓のそばで立っている女の子はエマです。メガネをかけている女の子はジェーンです。ジェーンと話している女の子はナオミです。ジュースを飲んでいる女の子はモエです。

質問：どの人がジェーンですか。

② (1) standing　(2) painted
　　(3) flying　(4) cooked

解説 (1) 現在分詞にして「向こうで立っている女の子」にする。

(2) 過去分詞にして「ピカソによってかかれた絵」にする。

(3) 現在分詞にして「空を飛んでいるあの鳥」にする。

(4) 過去分詞にして「リーさんによって料理された中国料理」にする。

③ (1) ウ　(2) イ

解説 (1)「私たちは公園で遊んでいる子どもたちを見ました。」という文。この playing は現在分詞で名詞を後ろから修飾している。**ア**の studying は，are studying で「勉強しているところだ」という現在進行形。**イ**の watching は「見ること」という動名詞。**ウ**は ing 形が 2 つあるの

27

で注意。1つ目の talking は，is talking で「話している」という現在進行形。2つ目の cleaning が「そうじしている…」という現在分詞による修飾。

(2)「英語は世界中で話されている言語です。」という文。この spoken は過去分詞で名詞を後ろから修飾している。**ア**の loved は is loved で「愛されている」という受け身の文。**イ**の made が「祖母によって先週作られたケーキ」という過去分詞による修飾。**ウ**の visited は，has visited で「訪れたことがある」という現在完了形。

④ (1) Judy has many books about flowers.
　(2) Do you know that man using the computer?
　(3) What's the language spoken in this country?

解説 (1)「花についての」を「本」のあとにおく。in が不要。

(2)「コンピューターを使っている」を「あの男性」のあとにおく。「〜している…」なので，現在分詞を使う。used が不要。

(3)「この国で話されている」を「言語」のあとにおく。「〜されている…」なので，過去分詞を使う。speaking が不要。疑問詞 what（何）は文の最初におく。

⑤ (1) The girl swimming over there is my friend.
　(2) Ken read a letter written in English.

解説 (1)「向こうで泳いでいる」を「女の子」のあとにおく。swim の現在分詞は m を重ねて ing をつける。

(2)「英語で書かれた」を「手紙」のあとにおく。write の過去分詞は written。

⑥ (1)① taking　③ sold
　(2) 彼はアメリカ製の［アメリカで作られた］特別なカメラを使っています。

解説 (1)①「あそこで写真を撮っている男の子」となるように，現在分詞にして後ろから the boy を修飾する形にする。take は e をとって ing をつける。

③「そこで売られていた最も高価なカメラ」となるように，過去分詞にして後ろから the most

expensive camera を修飾する形にする。

(2) made in America（アメリカ製の）が a special camera（特別なカメラ）を後ろから修飾している文。

16　関係代名詞

Step 1 基礎力チェック問題（p.74-75）

① ア，エ，オ，キ

解説 **ア**．主格の関係代名詞 who を含む文。「彼女はとても速く走る女の子です。」

イ．that は「〜ということ」という意味の接続詞として使われている。

ウ．who は「だれ」という意味の疑問詞，that は「あの」という意味の形容詞として使われている。

エ．目的格の関係代名詞 that を含む文。「これは私がいちばん好きな映画です。」

オ．目的格の関係代名詞 which を含む文。「これは太郎が私に送った手紙です。」

カ．which は「どちら」という意味の疑問詞として使われている。

キ．主格の関係代名詞 who を含む文。「この絵をかいた男性は中国人です。」

② (1) who　(2) who
　(3) which　(4) which

解説 (1) 先行詞が a boy で人なので，関係代名詞は who を使う。

(2) 先行詞が a friend で人なので，関係代名詞は who を使う。

(3) 先行詞が a book で物なので，関係代名詞は which を使う。

(4) 先行詞が the train で物なので，関係代名詞は which を使う。

③ (1) フランス語が話せる男性
　(2)『坊っちゃん』を書いた作家
　(3) 海に住んでいる動物
　(4) 彼女を有名にした本

解説 すべて前の名詞を修飾する主格の関係代名詞の文。関係代名詞以降の〈動詞〜〉のまとまりが名詞を説明するように訳す。

4 (1) picture which[that]

(2) which[that] I

(3) he caught

(4) everyone[everybody] likes

解説 〈先行詞＋which[that]＋主語＋動詞〜〉の形になる。

(1) 先行詞は a picture。そのあとに関係代名詞 which[that] を入れる。

(2) 先行詞は the book。そのあとに関係代名詞 which[that] を入れて，I bought yesterday をつなげる。

(3)(4) 空所の数から，関係代名詞が省略されていると考える。（目的格の関係代名詞は省略可能。）

(3) は The fish と he caught の間に，(4)は a singer と everyone likes very much の間に関係代名詞が省略されている。

Step 2 実力完成問題 (p.76-77)

1 (1) **A** (2) **B**

解説 (1) ♪読まれた英文

A．This is a ceremony which is held in April every year. It is held to welcome students who will enter school.

B．This is a ceremony which is held in March every year. It's for the students who will graduate from school.

C．This is an event which is held on March 3rd. People display beautiful dolls for girls.

D．This is a school event which is held in spring or fall. Students enjoy running and games.

A．これは毎年4月に行われる儀式です。それは入学する生徒たちを迎えるために開かれます。

B．これは毎年3月に行われる儀式です。それは学校を卒業する生徒たちのためのものです。

C．これは3月3日に行われる行事です。人々は女の子のために美しい人形を飾ります。

D．これは春か秋に行われる学校行事です。生徒たちが走ることやいくつかのゲームを楽しみます。

(2) ♪読まれた英文

A boy is walking home. He has two caps. He has a blue cap on his head. He has a black cap

in his right hand. The black one is his friend's cap which was left on the school grounds.

Question: What color is the cap that the boy has in his right hand?

A．It's blue.

B．It's black.

C．It's the boy's.

D．It's his friend's.

男の子が家に歩いています。帽子を2つ持っています。青い帽子は頭にかぶっています。右手には黒い帽子を持っています。その黒い帽子は校庭に忘れられた友達の帽子です。

質問：男の子が右手に持っている帽子は何色ですか。

A．青です。

B．黒です。

C．その男の子のです。

D．彼の友達のです。

2 (1) Kenji has a sister who[that] has long hair.

(2) This is a computer which[that] Yuta used last week.

(3) The book which[that] I bought yesterday is interesting.

解説 関係代名詞を使って2文を1文にするときは，2つの文で同じものを表している部分をさがす。

(1) ここでは a sister と The sister が同じものを表している。a sister を先行詞として，The sister を主格の関係代名詞 who[that] にかえ，そのあとに動詞を続ければよい。

(2) a computer と the computer が同じものを表している。a computer を先行詞として，そのあとに〈主語＋動詞〉を続ける。目的格の関係代名詞 which[that] を使う。1文にしたときには the computer は不要。

(3) The book と it が同じものを表している。The book を先行詞として，そのあとに関係代名詞と I bought yesterday を続ける。is interesting はこの関係代名詞のかたまりのあとにくることに注意。

3 (1) トムは彼のお母さんが作るケーキが好きで

す。

(2) 健は公園で走ることが好きなその女性を知っています。

(3) 私は東京行きの電車に乗らなければなりません。

解説 (1) 目的格の関係代名詞が省略されている文。his mother makes（彼のお母さんが作る）が the cakes（ケーキ）を後ろから修飾している形。

(2) who likes running in the park（公園で走ることが好き）が the woman（女性）を後ろから修飾している形。

(3) which goes to Tokyo（東京に行く）が the train（電車）を後ろから修飾している形。

④ (1) **I know a student who is studying Spanish.**

(2) **Satomi is reading a book which I gave her.**

(3) **He's a baseball player Yumi loves.**

(4) **The person who painted this picture is my uncle.**

(5) **This is the book which made him famous.**

解説 (1) 先行詞は a student で「人」。関係代名詞は who を使う。which が不要。

(2)「彼女にあげた」＝I gave her。it が不要。

(3) 先行詞は a baseball player で人。目的格の関係代名詞が省略された文。which が不要。

(4) 先行詞は the person で「人」。関係代名詞は who を使う。The person が主語なので，who painted this picture が，The person と is my uncle の間にくるという語順に注意。

(5) 先行詞は the book で「物」。関係代名詞は which を使う。which 以下には SVOC の文が続いていることにも注意。who が不要。

⑤ (1)① **who[that]**　② **who[that]**

(2) **ウ**

解説 (1) 先行詞は①が a Japanese friend（日本人の友達），②が a brother（兄[弟]）。空所のあとに動詞が続いているので，先行詞が「人」の場合の主格の関係代名詞 who か that を入れる。

(2) 目的格の関係代名詞は，名詞（先行詞）と〈主語＋動詞〉の間に入れる。a letter that she sent

---

to me ＝「彼女が私に送った手紙」。

17 文の中の疑問文

Step 1 基礎力チェック問題 （p.78-79）

① (1) 英語を話しているあの男性はだれですか。

(2) 私は英語を上手に話す人を知っています。

(3) あなたはあの[その]男性がだれなのか知っていますか。

(4) 私は彼が歌っている歌を知りません。

(5) どちらがあなたのものか私に教えてください。

解説 (1) who は，ここでは「だれ」とたずねるときの疑問詞として使われている。

(2) 名詞（a person）の後ろに〈who＋動詞～〉が続いているので，この who は主格の関係代名詞。

(3)〈疑問詞＋主語＋動詞〉が know の目的語になっているので，間接疑問文。

(4) 名詞（the song）の後ろに〈which＋主語＋動詞～〉が続いているので，この which は目的格の関係代名詞。

(5)〈tell＋人＋物〉の「物」の部分が間接疑問の which is yours になっている。

② (1) **where**　　　(2) **what it is**

(3) **what he likes**　(4) **how you come**

(5) **how much**

解説 (1)「どこで」なので where。

(2)(3)(4) 間接疑問は〈疑問詞＋主語＋動詞〉の語順。

(5)「（値段が）いくら」は how much。

③ (1) **who she is**　　(2) **what this is**

(3) **where Sakura is**　(4) **when he will**

(5) **who broke**

(6) **what color she likes**

解説 (1) I know のあとに〈who＋主語＋動詞〉を続ける。

(2) What is this?（これは何ですか。）を間接疑問にして文の中に入れる。

(3)〈tell＋人＋物〉の「物」の部分が間接疑問になっている。

(4)「ここへ来る予定」とは未来のことなので，will を使う。

(5) Who broke the window?（だれが窓を割りましたか。）と，疑問詞が主語になっている文を間接疑問にする場合は，〈疑問詞＋動詞〉の語順はかわらない。

(6) What color does she like?（彼女は何色が好きですか。）を間接疑問にして文の中に入れる。動詞を likes にすることに注意。間接疑問は〈疑問詞＋名詞〉を使うこともできる。

Step 2 実力完成問題 (p.80-81)

1 (1) D (2) ウ

解説 (1) **♪ 読まれた英文**

A. This is used to tell us where it was made.

B. This is used to check what words mean.

C. This is used to know when you were born.

D. This is used to know what time it is.

A. これはそれがどこで作られたか伝えるために使われます。

B. これは単語がどんな意味かを調べるために使われます。

C. これはあなたがいつ生まれたかを知るために使われます。

D. これは何時かを知るために使われます。

(2) **♪ 読まれた英文**

A: Good morning, Luna.

B: Good morning, Masa. Where are you going?

A: Ta-da! Happy birthday to you! This is something you've wanted since last month.

B: Oh, thank you very much! Can I open it?

A: Sure. Go ahead.

Question: What is true?

A: おはよう，ルナ。

B: おはよう，マサ。どこに行くところなの？

A: ジャジャーン！　お誕生日おめでとう！　これはあなたが先月からほしがっていたものだよ。

B: わあ，ありがとう。開けてもいい？

A: もちろん。どうぞ。

質問：何が本当ですか。

ア．ルナはマサがどこに行くか知っています。

イ．ルナはマサの誕生日がいつか知りません。

ウ．マサはルナがいつ生まれたか知っています。

エ．マサはルナが何をほしがっているか知りません。

ん。

2 (1) why Taro is (2) where she is

(3) whose house (4) what day it

(5) what made her (6) how I can

解説 (1)「なぜ」は why を使う。

(2) Where is she? の is she を she is にする。

(3)「だれの家」は whose house を使う。

(4)「今日は何曜日ですか。」＝ What day is it today? を間接疑問にする。

(5)「何が彼女をおこらせましたか。」は What made her angry?　What は主語なので，語順はかわらない。

(6)「どうすれば私は～できますか。」は How can I ～?　can I を I can の語順にする。

3 (1) (Please) tell me who <u>used</u> this computer(.)

(2) Takuya asked her <u>what</u> time he had to go there.

解説 (1)〈tell ＋人＋物〉の「物」の部分に間接疑問をおく。間接疑問の中の動詞が足りないので，「使った」と過去形を表す used を補う。

(2)〈ask ＋人＋物〉の「物」の部分に間接疑問をおく。「何時に」なので，疑問詞は what time を使う。

4 (1) I know who that woman is.

(2) Does Mike know what she likes?

解説 間接疑問を使う。

5 (1) what dish you liked the best

(2) Yes, she does.

解説 (1)「何の料理がいちばん好きだったかをあとで教えてください」という文にする。

(2) 質問文は，「ベッキーはレストランの名前が何かを知っていますか」。ベッキーは最初の発言で「その名前は「ウォルターズ」ですよね。」と言って，ケイトが「その通り」と答えているので，Yes で答える。

---

18 仮定法・付加疑問など

Step 1 基礎力チェック問題 (p.82-83)

1 (1) is, will (2) were, would

(3) hope，will　(4) wish，were

解説 (1)「もし〜なら」は if で表す。If 〜の中では未来のことも現在形で表す。

(2) 現在の事実に反することを仮定しているので仮定法で表す。〈If ＋主語＋過去形 〜，主語＋would［could］＋動詞の原形 ….〉の形。

(3) hope（that）〜は「〜であることを希望する」という意味。

(4) 現在の事実に反することを希望しているので，仮定法で表す。

② (1) isn't he　(2) aren't they
　(3) don't you　(4) doesn't she
　(5) are you

解説 (1)〈is の否定形＋代名詞（he）〉にする。

(2)〈are の否定形＋代名詞（they）〉にする。

(3)〈do の否定形＋代名詞（you）〉にする。

(4)〈does の否定形＋代名詞（she）〉にする。

(5) 前が否定文なので，〈are ＋代名詞（you）〉にする。

③ (1) What　(2) What　(3) How
　(4) How

解説 (1) あとに「形容詞＋名詞（an old book）」が続くときは What の感嘆文にする。

(2) あとに「形容詞＋名詞（beautiful flowers）」が続くので What の感嘆文にする。名詞が複数なので，冠詞の a や an はつかない。

(3) あとに「形容詞（beautiful）」だけが続くので How の感嘆文にする。

(4) あとに「副詞（fast）」が続くので How の感嘆文にする。

④ (1) no　(2) nothing　(3) never

解説 (1)「no sisters を持っている」と考える。I don't have any sisters. と同じ意味になる。

(2)「何も〜ない」は nothing。I don't have anything to eat. と言うこともできる。

(3)「決して〜ない」は never。

Step 2 実力完成問題　(p.84-85)

① (1) B　(2) A

解説 (1) ♪読まれた英文

A．You are old enough. If I were you, I would dress myself.

B．I have little money. If I had enough money, I would buy this dress.

C．I'm in front of the shop. If I saw the dress, I would be surprised.

D．It's cold today. If I had the dress, I would go out.

A．あなたは十分年をとっています。もし私があなたなら，服を着るのになあ。

B．私はお金がほとんどありません。もし十分なお金があれば，このドレスを買うのになあ。

C．私は店の前にいます。もし私がドレスを見れば，驚くだろうに。

D．今日は寒いです。もし私がドレスを持っていれば，私は外へ行くのになあ。

(2) ♪読まれた英文

A．I'm hungry, but I have nothing to eat or drink.

B．I'm hungry, and I have something to eat and drink.

C．I'm hungry, and I don't have anything to watch.

D．I'm hungry, but I have a lot of things to watch.

A．私はおなかがすいていますが，食べるものも飲むものもありません。

B．私はおなかがすいています，そして食べるものと飲むものがあります。

C．私はおなかがすいています，そして私は見るものがありません。

D．私はおなかがすいていますが，私は見るものがたくさんあります。

② (1) were，would　(2) few
　(3) isn't she　(4) were

解説 (1) 仮定法では be 動詞はふつう were を使う。

(2)「ほとんど〜ない」は数えられる名詞の場合は few。

(3) is の付加疑問は〈isn't ＋代名詞？〉にする。主語の Sally は she になる。

(4) 仮定法では，be 動詞は were を使う。

③ (1) isn't it　(2) never
　(3) were，would　(4) What

解説 (1) It is 〜. の付加疑問は isn't it?。

(2)「決して〜ない」は never。

(3)「私があなただったら」という不可能なことの仮定なので，仮定法の文にする。

(4) あとに「形容詞＋名詞（a tall building）」があるので，What の感嘆文にする。

④ (1) **(If I) had a lot of money, I could buy (the car.)**

(2) **No one knew the boy.**

(3) **(Mike) will come here, won't he(?)**

解説 (1)〈If＋主語＋過去形 〜，主語＋could＋動詞の原形 ….〉の形にする。

(2)「だれも〜ない」は no one を主語にする。

(3) will の付加疑問は〈won't＋代名詞?〉。

⑤ (1) **I wish I could swim well.**

(2) **You play the piano, don't you?**

(3) **I have nothing to do today.**

解説 (1)〈I wish＋主語＋過去形 〜.〉の文にする。

(2) You play the piano. に付加疑問をつける。

(3) I don't have anything to do today. としてもよい。

⑥ ① **don't** ② **never** ③ **were**

解説 ① You like の付加疑問は don't you?。

② I've never been to 〜. は「私は〜へ一度も行ったことがありません」という意味。

③ 仮定法の文では，be 動詞の過去形はふつう were を使う。

（英文の意味）

A: ポール，あなたは日本のマンガを読みますか。

B: はい。大好きです。

A: あなたは「ニンジャキッズ」が好きですよね。

B: はい。ここアメリカで，日本のマンガを買うことができます。

A: 私も「ニンジャキッズ」が好きです。私は一度も日本に行ったことがありません。私はずっと日本を訪れたいと思っています。もし私が日本にいたら，毎日マンガを読むのになあ。

定期テスト予想問題 ⑤ (p.86-87)

① (1) **イ** (2) **ア**

解説 (1) ♪読まれた英文

A: You look happy, Sayaka.

B: Hi, Nick. My friend is coming to Japan from Canada next summer.

A: I see. You stayed in Canada last summer.

B: Yes. She was a member of my host family. We went to school together every day.

Question: What made Sayaka happy?

A: うれしそうだね，サヤカ。

B: こんにちは，ニック。次の夏に友達がカナダから日本に来るの。

A: そうなんだ。この前の夏にきみはカナダに滞在したね。

B: ええ。彼女はホストファミリーの１人なの。私たちは毎日いっしょに学校に通ったのよ。

質問：何がサヤカをうれしくさせましたか。

ア．次の夏にカナダに行くという彼女の計画。

イ．次の夏に友人が訪れること。

ウ．ジュディーと学校に行くこと。

エ．彼女のカナダでのホームステイ。

(2) ♪読まれた英文

A: Hi, Maki. Who is that girl talking with Ms. Mori?

B: Hi, Alex, she's a new student. Her name is Isabella. She's in my class.

A: Where is she from?

B: From the U.K.

A: What does she like?

B: I don't know that.

Question: Does Maki know where Isabella is from?

A: やあ，マキ。森先生と話しているあの女の子はだれですか。

B: こんにちは，アレックス。彼女は新しい生徒よ。名前はイザベラ。私のクラスよ。

A: どこの出身？

B: イギリスよ。

A: 彼女は何が好きなの？

B: 知らないわ。

質問：マキはイザベラがどこの出身か知っていますか。

ア．はい，彼女はイザベラがイギリスの出身だと知っています。

イ．いいえ，彼女はイザベラがどこの出身か知りません。

ウ．彼女はイザベラが何を好きか知っています。

エ．彼女はあの女の子がだれか知りません。

2 (1) ウ (2) イ (3) ウ (4) ア (5) イ
　　(6) ア (7) ア

解説 (1)「～している…」と名詞（the girl）を後ろから修飾する現在分詞。

(2)「もし私に十分な時間があれば，彼女に手紙を書くのになあ」という仮定法の文。

(3)「私たちにたくさんのことを教えてくれる」を表す部分が，前の名詞を説明している。先行詞 a good book は「物」なので，関係代名詞 which を選ぶ。

(4) 付加疑問。主語が you で一般動詞の文なので，don't を選ぶ。

(5)「～された…」と名詞を後ろから修飾する過去分詞。

(6) 前の a lot of people を説明する関係代名詞は who。

(7)「日本ではどこで最も多くのサクランボが育てられているか知っていますか」という文。

3 (1) They named the dog Hachi.
　　(2) I'll give you the pictures that I took.
　　(3) Do you have a watch made in Japan?
　　(4) We don't know where she is now.

解説 (1)「A を B と名づける」は〈name A B〉の形。

(2) 目的格の関係代名詞 that を使った文。

(3)「日本製の」は「日本で作られた」と考える。

(4) 間接疑問。疑問詞のあとは〈主語＋動詞〉の語順。

4 (1) living
　　(2) 1. No, he didn't[did not].
　　　　 2. No, he hasn't[has not].

解説 (1)「～している…」という意味を表す現在分詞が名詞を後ろから修飾する形にする。

(2)1.「ジュディのお父さんは，昔ロッキーズで野球をしていましたか。」 ジュディの2番目の発言に注目する。He はここでは「大きな家に住んでいる男性」のことで，ジュディのお父さんのことではない。

2.「太郎は今までに大きな家にいる男性に会ったことがありますか。」 太郎は最初の発言で，男性

のことを知らないと言っている。また2番目の発言で「いつか彼に会いたい」と言っていることから，男性に会ったことはないと判断できる。

【全文訳】

ジュディ：この大きな家に住んでいる男性を知っている？

太郎：いいや。なぜ？

ジュディ：彼は昔ロッキーズでプレーしていた有名な野球選手だったのよ。お父さんから聞いたの。

太郎：本当に？　ぼくは野球が大好きなんだ。いつか彼に会いたいな。

19　前置詞・接続詞のまとめ

Step 1 基礎力チェック問題（p.88-89）

1 (1) on　(2) in　(3) at

解説 (1) 日付の前には on を使う。

(2) 季節の名前の前には in を使う。

(3)「～時に」と時刻を表すときには at を使う。

2 (1) on　(2) in　(3) between

解説 (1)「ベッドの上に」

(2)「かばんの中に」

(3)「公園と図書館の間に」

3 (1) in　　(2) with　(3) to, on
　　(4) from　(5) in　　(6) about

解説 (1) 手段を表す in。「英語で」＝ in English。

(2)「髪の長いあの女の子」は「長い髪を持っているあの女の子」と考える。

(3)「学校に行く」＝ go to school。曜日名の前には on を使う。

(4)「～の出身で」＝ from ～。

(5)「午後に」＝ in the afternoon。「午前に」は in the morning，「晩に」は in the evening。

(6)「～について」＝ about ～。

4 (1) that　(2) so　(3) a bird
　　(4) couldn't　(5) get

解説 (1) I think that ～＝「私は～だと思う」。この that は省略できる。

(2) 後ろに that があることに注目する。so … that ～で「とても…なので～」という意味。

(3) bird は数えられる名詞なので，and のあとで

もaが必要。and（～と…，～そして…）は語句と語句，または文と文をつなぐ接続詞。

(4) but は「～だが，しかし」という意味なので，前の内容と逆の内容が続く。「私は健に会いに行きましたが，彼に会うことができませんでした。」となる。

(5)

> **ミス対策** 「時」や「条件」を表す when や if 節の中では，未来のことを表す文でも動詞は現在形を使う。

5 (1) afraid (2) When (3) because
(4) that (5) if

解説 (1) I'm afraid ～. は「残念ながら～」の意味。afraid のあとに接続詞 that が省略されている。I'm sorry ～. としてもよい。

(2)「～のとき」＝ when。

(3)「～なので」と理由を述べるときは，because を使う。

(4)「～だといいなと思う，～を希望する」＝ I hope that ～。この that は省略できる。

(5)「もし～なら」＝ if。

Step 2 実力完成問題 (p.90-91)

1 (1) C (2) イ

解説 (1) ♪読まれた英文
A．There is a cap on the desk.
B．There is a cap on the chair.
C．There is a cap under the desk.
D．There is a cap under the chair.
A．机の上に帽子があります。
B．いすの上に帽子があります。
C．机の下に帽子があります。
D．いすの下に帽子があります。

(2) ♪読まれた英文
A: Excuse me. Could you tell me where the flower shop is?
B: Sure. Go straight and turn right at the first corner. You'll find it easily. It's next to the city hall.
A: Next to the city hall?
B: Yes. It's also in front of the bookstore.

A: Thank you very much.
Question: Where is the flower shop?
A: すみません。生花店がどこにあるか教えてくださいませんか。
B: いいですよ。まっすぐ行って，最初の角を右に曲がってください。簡単に見つけられます。それは市役所の隣にあります。
A: 市役所の隣ですか。
B: そうです。書店の前でもあります。
A: どうもありがとうございます。
質問：生花店はどこですか。

2 (1) in, for (2) for, to
(3) from, to (4) so, that
(5) Listen, and (6) not, but
(7) not only, but

解説 (1) 現在完了形の文。期間を表す前置詞は for。

(2) 〈It … for — to ～.〉（—にとって～することは…だ）という文。

(3)「～から…まで」＝ from ～ to …。to のかわりに until[till]でもよい。

(4)「とても…なので～できない」＝〈so … that ＋主語＋can't ～〉。

(5)「～しなさい，そうすれば…」は〈命令文, and …〉で表す。〈命令文, or …〉は「～しなさい，さもなければ…」という意味。

(6)「AではなくB」＝ not A but B。

(7)「AだけでなくBも」＝ not only A but (also) B。

3 (1) in (2) for
(3) and (4) as

解説 (2) wait for ～ ＝「～を待つ」。

(3) both A and B ＝「AもBも両方とも」。

(4) as には「～として」の意味もある。

4 (1) We can't[cannot] live without water.
(2) I'm[I am] sure (that) he'll[he will] be able to swim well.
(3) When I called Tom, he was doing his homework. [Tom was doing his homework when I called him.]

解説 (1)「～なしで」＝ without。

(2)「きっと～だと思う」と確信していることを言

うときは I'm sure (that) 〜. を使う。

(3)「宿題をしていました」は過去進行形を使う。

⑤ ① that ② to ③ and ④ at ⑤ on ⑥ because ⑦ to

解説 ① I hear that 〜 =「私は〜と聞いている」。

② how to 〜 =「〜のしかた」。

⑤「あなたの左側に」= on your left。

⑥ 空所の前後の文の関係に注目する。there は the city hospital を指している。

⑦ say hi to 〜 =「〜によろしく言う」。

【全文訳】

A: 市立病院はこの近くだと聞いているよ。きみはそこへの行き方を知っているかい。

B: ええ。この通りに沿って行って，最初の角で右に曲がってね。左側に病院が見えるわ。

A: ありがとう。友達の太郎が足を骨折したから，そこにいるんだ。

B: まあ，それは大変ね。彼によろしく伝えてね。

20 重要動詞のまとめ

Step 1 基礎力チェック問題 (p.92-93)

1 (1) walks (2) comes (3) lives
(4) makes (5) writes (6) gets
(7) goes (8) studies (9) teaches
(10) has

解説 動詞の3人称単数・現在形は，一般動詞の原形の語尾に(e)s をつけてつくる。

s, es のつけ方

・ふつうの動詞 → s をつける

・語尾が -o, -s, -x, -ch, -sh で終わる動詞
→ es をつける

・〈子音字＋y〉で終わる動詞
→ y を i にかえて es をつける

(10) have の3人称単数・現在形は，has。

2 (1) calling (2) watching (3) eating
(4) studying (5) coming (6) having
(7) writing (8) making (9) using
(10) getting (11) running (12) swimming

解説 ing 形は，一般動詞の原形の語尾に ing をつ

けてつくる。

ing のつけ方

・ふつうの動詞 → ing をつける

・語尾が e で終わる動詞 → e をとって ing をつける

・ie で終わる動詞 → ie を y にかえて ing をつける
（例）die-dying

・つづりが〈子音字＋アクセントのある短母音＋子音字〉で終わる動詞
→ 語尾の1文字を重ねて ing をつける

3 (1) played, played (2) studied, studied
(3) went, gone (4) came, come
(5) said, said (6) knew, known
(7) saw, seen (8) had, had
(9) taught, taught (10) read, read

解説 一般動詞の過去形・過去分詞には，動詞の原形の語尾に(e)d をつけてつくる規則動詞と，1つ1つ形が異なる不規則動詞がある。不規則動詞は1つ1つ確実に覚えよう。

(5) say の過去形・過去分詞 said[sed]の発音に注意。

(10) read の過去形・過去分詞は read。発音は[red]となることに注意。

4 (1) イ (2) ウ (3) イ
(4) エ (5) ア

解説 (1)「私は2匹の犬を飼っています。」
(2)「これらの写真は健によって撮られました。」〈be 動詞＋過去分詞〉の受け身の文。take - took - taken。
(3)「さとみは今図書館で英語を勉強しています。」now があるので現在進行形〈be 動詞＋動詞の ing 形〜〉。
(4)「ケイトは以前にすしを食べたことがあります。」has のあとに過去分詞をおいて現在完了形を表す。eat - ate - eaten。
(5)「あなたは自転車で学校に来ましたか。」一般動詞の疑問文では動詞は原形。

5 (1) watch (2) speak
(3) hear

解説 (1)「テレビを見る」と言うときは，ふつう watch を使う。watch は「動いているものを見る」

という意味。

(2)「言語を話す」と言うときは，ふつう speak を使う。

(3) hear は「自然に聞こえてくる，耳に入ってくる」という意味で使う。

Step 2 実力完成問題 (p.94-95)

1 (1) ア (2) エ

[解説] (1) [♪読まれた英文]

A: Excuse me. Could you tell me the way to the stadium?

B: It's a little far from here.

A: How can I get there?

Question: What will the woman say next?

A: すみません。競技場へ行く道を教えてくださいませんか。

B: ここから少し遠いです。

A: どうすれば行けますか。

質問：次に女の人は何と言うでしょうか。

ア．バスに乗った方がいいです。

イ．2，3分しかかかりません。

ウ．私はこの切符を買います。

エ．そこで写真を撮ることができます。

(2) [♪読まれた英文]

A: What are you doing, Yuta?

B: Hi, Susan. I have to make a speech in English next week.

A: What are you going to talk about?

B: I had a homestay in Australia last summer. I'm going to talk about it, but I'm afraid I can't speak well.

A: Don't be so nervous, Yuta. You can do it.

Question: What made Yuta nervous?

A: 何をしているの，ユウタ？

B: やあ，スーザン。来週英語でスピーチをしなければならないんだ。

A: 何について話すつもりなの？

B: この前の夏にオーストラリアでホームステイをしたんだ。そのことについて話すつもりなんだけど，うまく話せるか心配なんだ。

A: そんなに神経質にならないで，ユウタ。うまくできるよ。

質問：何がユウタを神経質にさせましたか。

ア．この夏の出来事。

イ．オーストラリアでのホームステイ。

ウ．外国人と話すこと。

エ．英語でのスピーチ。

2 (1) watched (2) see (3) talking
(4) teaches (5) hear

[解説] (1) ふつうテレビなどで番組や映画を見るときは watch を使う。

(2)「自然に目に入る」と言うときは see を使う。

(3)「～と話をする」は talk with ～。

(4)「（教科など）を教える」は，ふつう teach を使う。

3 (1) call me (2) Look at
(3) teach you (4) wants, go
(5) think, see[meet] (6) told, do

[解説] (1)「A を B と呼ぶ」は〈call A B〉の語順。

(2)「～を見る」= look at ～。

(3)「（人）に（物）を教える」は〈teach＋人＋物〉で表す。〈teach＋物＋to＋人〉でも同じ意味を表す。

(4)「～したい」= want to ～，「～に行く」= go to ～。

(5)「私は～だと思う」= I think (that) ～。

(6)「（人）に～するように言う」は〈tell＋人＋to ～〉で表す。

4 (1) 私は3時に東京駅に着きました。

(2) 私の父は，私にすてきなドレスを買ってくれました。

(3) I gave her a[one] notebook.

(4) We know his brother very well.

[解説] (1) arrive at ～＝「～に着く，到着する」。

(2)〈buy＋（人）＋（物）〉＝「（人）に（物）を買う」。

(3) I gave a[one] notebook to her. でもよい。

(4)「～をとてもよく知っている」= know ～ very well。

5 (1)① played ② play
③ player ④ play

(2)1. They play soccer.

2. Because Akira has to move to another city.

解説 (1)① have のあとなので過去分詞を選ぶ（継続の現在完了形）。

②④ 助動詞のあとの動詞は原形。

③ 形容詞 good の前に数えられる名詞につく a があるので，「選手」という意味の名詞を選ぶ。

(2)1.「明と太郎がするのはどんなスポーツですか。」 この文章では soccer という語が繰り返し使われていることに注目する。

2.「太郎はなぜ悲しいのですか。」 最終段落の1文目を参照する。

【全文訳】

　明はぼくの親友の1人です。ぼくたちは10歳のときから同じサッカーチームでプレーしています。

　ぼくがチームに入ったとき，ぼくはサッカーがじょうずではありませんでした。ぼくはそのことがうれしくありませんでした。2日後に明がぼくたちのチームに入りました。彼もじょうずな選手ではありませんでした。ぼくたちは週末にいっしょにサッカーを練習し始め，すぐにとても仲のよい友達になりました。

　今，明はほかの市に引っ越しをしなければならず，ぼくはそのことがとても悲しいです。でも，ぼくたちはサッカーを続けることを約束しました。ぼくたちは別々のチームに所属することになりますが，いつか試合でいっしょにサッカーができるといいなと思います。

21 重要熟語のまとめ

Step 1 基礎力チェック問題 （p.96-97）

1 (1) listen to　(2) waited for

(3) takes care　(4) talked with

(5) Sit down　(6) went out

解説 (4) talk with 〜は「〜と話す」。talk to 〜や speak with 〜，speak to 〜でもよい。

(6)「外出する，出かける」＝ go out。

2 (1) for　(2) of　(3) to

(4) in　(5) for　(6) at

解説 (1) be late for 〜＝「〜に遅れる」。

(2) be afraid of 〜＝「〜をこわがる」。

(3) be able to 〜＝「〜できる」。can と同じ意味を表す。

(4) be interested in 〜＝「〜に興味がある」。

(5) be famous for 〜＝「〜で有名である」。

(6) be good at 〜＝「〜が得意である」。

3 (1) ア　(2) エ　(3) イ

解説 (1)「〜のおかげで」＝ thanks to 〜。

(2)「〜の前に」＝ in front of 〜。

(3) all over 〜＝「〜中に，〜のいたるところで」。

4 (1) each other　(2) over there

(3) had, time　(4) go, bed

(5) lot of

解説 (3)「楽しい時を過ごす」＝ have a good time。

(5)「たくさんの」＝ a lot of 〜。a lot of ＝ lots of ＝ many。a lot は「とても」という副詞の意味で，直接名詞を続けることはできない。

Step 2 実力完成問題 （p.98-99）

1 (1) ウ　(2) ア

解説 (1) ♪読まれた英文

A: Are you good at swimming, Ken?

B: No, I'm not, but I can play soccer well.

A: That's good. Can you run fast?

B: No, I'm not a fast runner. Some members on our team can run much faster than I.

Question: What is Ken good at?

A: あなたは水泳が得意ですか，ケン。

B: いいえ，でもサッカーはじょうずにできます。

A: それはいいですね。速く走れるのですか。

B: いいえ，速くありません。チームの中には私よりずっと速く走れる人がいます。

質問：ケンは何が得意ですか。

ア．水泳。

イ．走ること。

ウ．サッカーをすること。

エ．ギターを弾くこと。

(2) ♪読まれた英文

A: What are you doing, Olivia?

B: Hi, Hiro. I'm reading a guidebook to Tokyo. I'm going to Tokyo next week for the first time, so I'm looking for good places to visit.

A: That's nice. What are you interested in?

B: I'm interested in Japanese culture.

A: Have you ever been to temples or shrines?

B: Yes. I've visited some temples in this city.

Question: What is Olivia looking for?

A: 何をしているの，オリビア？

B: こんにちは，ヒロ。東京のガイドブックを読んでいるの。来週初めて東京に行きます，それで訪れるのによい場所をさがしているの。

A: いいね。何に興味があるの？

B: 日本文化に興味があります。

A: お寺や神社に行ったことはある？

B: はい。この市でいくつかのお寺を訪れました。

質問：オリビアは何をさがしていますか。

ア．東京で訪れるのによい場所。

イ．東京のよいガイドブック。

ウ．いっしょに行くよいガイド。

エ．この市で訪れる古い神社。

2 (1) **stood up**   (2) **is good at**

(3) **off**   (4) **looked for**

(5) **for, first time**   (6) **able to**

解説 (1)「立つ，立ち上がる」= stand up。

(3)「(テレビや明かりなど)を消す」は turn off ～。「(テレビや明かりなど)をつける」は turn on ～。

(5)「初めて」は for the first time。

3 (1) **get**   (2) **in**   (3) **to**

解説 (1) get up =「起きる」。

(2) in front of ～ =「～の前に，正面に」。

(3) listen to ～ =「～を聞く」。

4 (1) **Are you interested in soccer?**

(2) **(Sakura) had a good time in Kyoto(.)**

(3) **(We) stayed with our uncle in Hokkaido(.)**

解説 (1)「～に興味がある」= be interested in ～。with が不要。

(2)「楽しい時を過ごす」= have a good time。enjoyed が不要。

(3)「おじの家に泊まる」は stay with our uncle で表す。at を使う場合は stay at our uncle's (house) になるので注意する。

5 (1) **Look at this picture.**

(2) **I went to bed at ten thirty last night.**

解説 (1)「～を見る」= look at ～。

(2)「寝る」= go to bed。

6 (1) ① **あなたは将来何になりたいですか。**

③ **彼女は病院で，たくさんの病気の人々の世話をしています。**

(2) **For example**

解説 (1) ① in the future =「将来」。

③ take care of ～ =「～の世話をする，面倒をみる」，a lot of ～ =「たくさんの」。

22　会話表現のまとめ

Step 1 基礎力チェック問題 (p.100-101)

1 (1) **キ** (2) **ア** (3) **カ** (4) **イ**

(5) **ウ** (6) **エ** (7) **オ** (8) **ク**

解説 (1)電話で「もしもし」は Hello. と言う。

(3) What's the matter? は「どうしたのですか。」という意味。What's wrong? でも同じ意味を表すことができる。

(4) Can I help you? と言ってもよい。

(5) Excuse me.（失礼ですが。）は文末を上げ調子に言うことによって「何と言ったのですか」と聞き返すときに使うことができる。

(6) That's too bad. =「それはよくないね。」

2 (1) **This is**   (2) **Here, are**

解説 (1)電話で自分の名前を伝えるときは This is ～. を使う。

(2) Can you pass me the salt? は「塩をとってくれませんか。」Here you are. は物を差し出して「さあ，どうぞ。」と言うときの表現。

3 (1) **Would you**   (2) **Why don't**

(3) **Thank, for**   (4) **How**

解説 (1) Would you ～? の表現

Would you ～? =「～してくださいますか」

Would you like ～? =「～はいかがですか」

Would you like to ～? =「～するのはいかがですか」

(2) Why don't we ～? は「(私たちがいっしょに) ～するのはいかがですか」という意味。Why don't you ～? は「(あなたが) ～するのはいかがですか。」という意味。

(3) Thank you for ～で「～をありがとう」の意味。for のあとは(動)名詞が続く。

(4) How do you like ～? =「～はどうですか，～はどんなふうに好きですか」。

4 (1) **イ** (2) **ウ** (3) **エ** (4) **ア**

解説 (1)「お願いがあるのですが。」エは「お元気で。」という意味。

(2)「お元気ですか〔調子はどうですか〕。」

(3)（電話で）「花子さんをお願いします。」エは「少々お待ちください。」という意味。

(4)「どうしたのですか。」相手の具合などをたずねるときに使う表現。アは「頭が痛い」という意味。

Step 2 **実力完成問題** (p.102-103)

1 (1) **C** (2) **D**

解説 (1) ♪読まれた英文

A: May I help you?

B: Yes. I like this sweater. I'd like to buy it.

A: That's good, but I think you may be a larger size. How about this?

B:（チャイム）

A． I'm sorry I can't help you.

B． It's over there.

C． Can I try it?

D． No, I can't.

A: お手伝いしましょうか。

B: はい。このセーターが気に入っています。これを買いたいです。

A: それはいいですね，しかし，あなたはもっと大きいサイズかもしれません。こちらではいかがでしょうか。

B:（チャイム）

A． 申し訳ないですが，お手伝いできません。

B． それはあちらにあります。

C． 試着してもいいですか。

D． いいえ，私にはできません。

(2) ♪読まれた英文

A: Excuse me.

B: Yes. May I help you?

A: Can I have a menu?

B:（チャイム）

A． You're welcome.

B． That sounds like fun.

C． Thanks a lot.

D． Just a minute, please.

A: すみません。

B: はい。何でしょうか。

A: メニューをいただけますか。

B:（チャイム）

A． どういたしまして。

B． それは楽しそうですね。

C． どうもありがとうございます。

D． 少々お待ちくださいませ。

2 (1) **イ** (2) **エ** (3) **ア** (4) **イ**

解説 (1) Aは「今日の午後，買い物に行くのはどうですか」。「いいですね。」のイが適切。

(2) Aが「このコンピューターの使い方を知っていますか。」とたずね，Bがあとで「ごめん，わからないな。ぼくのお兄さんに聞いてみよう。」と言っていることから，エの「ええと。」が適切。

(3) Aは「花を送ってくれてありがとう」。アは「どういたしまして。」という意味なので，これが適切。イは「さあ，どうぞ。」，エは「だれにわかるだろうか〔だれにもわからない〕。」という意味。

(4) Bは「水を一杯いただけますか。」と答えている。イの「飲み物は何にいたしますか。」が適切。

3 (1) **あなたのお名前をうかがってもいいですか。**

(2) **日本はどうですか。**

(3) **少々お待ちください。**

解説 (1) What's your name? のていねいな言い方。

(2) 直訳すると「あなたは日本をどんなふうに好きですか（気に入りましたか）。」という意味。

(3) Just a moment, please. や Wait a minute. でも同じ意味。

4 (1) **No, thank you.** (2) **Here you are.**

(3) **Take care.**

解説 (3) 別れのあいさつとしても使われる。

5 (1) **This is**

(2)② **ウ** ③ **エ** ④ **イ**

⑤ **オ** ⑥ **ア**

解説 (1) 電話で「こちらは～です」と名前を名のるときは，This is ～. を使う。

【全文訳】

40

A: もしもし。

B: もしもし。エミですが。ジュディさんをお願いします。

A: ごめんなさい。彼女は今外出しています。伝言をお受けしましょうか。

B: はい，お願いします。9時までに私に電話をかけ直すよう伝えていただけますか。明日の数学のテストのことです。

A: わかりました。彼女に伝えますね。彼女は6時までに帰宅する予定です。

B: ありがとうございます。

高校入試対策テスト (p.104-109)

1 (1) ア (2) ウ (3) イ (4) エ (5) ウ

解説 (1) ♪読まれた音声

A: Come on in, Henry. Do you know what this is?

B: No, I've never seen it. I think it's a table.

A: We use it to keep us warm in winter. My cat sometimes sleeps under it.

Question: What are they talking about?

A: 入って，ヘンリー。これが何か知ってる？

B: いいえ，見たことがない。ぼくが思うに，テーブルですね。

A: 私たちは冬に暖かく保つためにそれを使います。私のねこがときどきその下で眠っていますよ。

質問：彼らは何について話していますか。

(2) ♪読まれた音声

A: Hi, Nancy. Look at this picture.

B: You look happy, Eric. I don't know the boy who is playing the guitar next to Ann.

A: That's Takeshi. He's Ann's classmate.

Question: Which picture are they looking at?

A: こんにちは，ナンシー。この写真を見て。

B: うれしそうね，エリック。アンの隣でギターを弾いている男の子を知りません。

A: それはタケシです。彼はアンの同級生です。

質問：彼らはどの写真を見ていますか。

(3) ♪読まれた音声

A: Could you tell me the way to the post office?

B: Sure. Can you see the two banks?

A: Yes.

B: Go down to the second bank. Turn right at the bank and go straight. You'll see the post office on your left. It's in front of the convenience store.

A: Thank you very much.

B: You're welcome.

Question: Where is the post office on the map?

A: 郵便局へ行く道を教えていただけますか。

B: いいですよ。銀行が2つ見えますか。

A: はい。

B: 2つめの銀行まで行ってください。その銀行を右に曲がって，まっすぐ行ってください。郵便局は左手に見えます。コンビニエンスストアの前です。

A: どうもありがとうございます。

B: どういたしまして。

質問：地図の上で郵便局はどこですか。

(4) ♪読まれた音声

A: Linda, what are you going to do during the winter vacation?

B: Hi, Ken. I'm going to visit Kyoto to see my friend. She has been there for two years. She goes to a college in Kyoto. She is going to show me around Kyoto.

A: That's nice. How long are you going to stay there?

B: For a week, I think. I want to visit some old temples.

Question: How long has Linda's friend been in Kyoto?

A: リンダ，冬休みの間，何をするつもりですか。

B: やあ，ケン。私は友達に会いに京都を訪れるつもりです。彼女はそこに2年間います。京都の大学に通っています。彼女が京都を案内してくれます。

A: いいですね。そこにどれくらいいる予定ですか。

B: 1週間だと思います。私は古いお寺を訪問したいです。

質問：リンダの友達はどれくらい京都にいますか。

ア．大学に。

イ．いくつかの古いお寺。

ウ．1週間。

エ．2年間。

(5) ♪読まれた音声

Ben likes soccer and he is on the school soccer team. He practices after school from Monday to Friday. On Saturdays he often plays soccer with his friends in the park. Last Saturday, it rained a lot, so he went to the library and studied with his friends.

Question: What did Ben do last Saturday?

ベンはサッカーが好きで，学校のサッカー部に入っています。彼は月曜日から金曜日まで放課後に練習をします。土曜日に彼はよく友達と公園でサッカーをします。この前の土曜日，たくさん雨が降りました。だから彼は図書館へ行って，友達と勉強しました。

質問：この前の土曜日，ベンは何をしましたか。

ア．彼は図書館の近くでサッカーをしました。

イ．彼は公園でサッカーをしました。

ウ．彼は図書館で勉強しました。

エ．彼は家で勉強しました。

2 (1) イ　(2) エ　(3) ア　(4) ウ

解説 (1)「物」が主語で後ろに by があることに注目する。受け身の文の形〈be 動詞＋過去分詞〉を選ぶ。

(2)〈It … for＋人＋to ～.〉の文。「私にはその質問に答えることは難しかった。」

(3) as soon as ～ can＝「(～が) できる限り早く」。

(4)「私は彼がだれだかわかりません。」

3 (1) **The news made her very angry.**

(2) **My father has a watch made in the U.S.**

解説 (1)「AをBにする」＝〈make A B〉。

(2)「アメリカ製の時計」＝「アメリカで作られた時計」＝a watch made in the U.S.。過去分詞が名詞を後ろから修飾する形。

4 (例)① **I like summer the best.**

② **Because you can swim in the sea.**

解説 ①はどの季節が一番好きか，②はその理由を書く。理由を書く文では，一般の人たちを表す you を主語にしているが，I を主語にして答えて

もよい。

① I like spring the best. ② Because beautiful flowers make me happy. / ① I like fall the best. ② Because it's not too hot and it's not too cold. You can enjoy many sports. などでもよい。

5 (1)① shopping　② been

(2) ウ　(3) ア

(4) **They will go to the department store.**

(5) ア，オ

解説 (1)① go shopping で「買い物に行く」。② 前の I've never から現在完了形の文にする。have never been to ～で「～へ一度も行ったことがない」。

(2) Thank you for ～で「～をありがとうございます」。

(3) あとの Naomi の発言の2つめの文，So, let's meet at the station at ten.（だから，10時に駅で会いましょう。）の答えから，アが適切。

(4) 質問は「ナオミとブラッドはピアノの発表会のあと，どこに行きますか」。ブラッドがピアノの発表会が終わる時間をたずねて，ナオミが「3時頃」と答えたあと「そのあとで私たちはデパートに行けるわよ」と言っていることから，デパートへ行くとわかる。

(5)（選択肢の意味）

ア．ナオミの姉は10年以上ピアノを弾いている。

イ．発表会は6時間続くだろう。

ウ．ブラッドは音楽に興味がないが，発表会に行くだろう。

エ．ブラッドは家族のために，箸を買うだろう。

オ．ブラッドはこの冬，アメリカに帰るだろう。

（英文の意味）

B: やあ，ナオミ。土曜日に買い物に行きたいんだけど。いっしょに来てくれる？

N: ああ，姉のピアノの発表会に行く予定なの。

B: 彼女はどれくらいピアノを弾いているの？

N: 10年以上よ。彼女は発表会のために毎日2時間練習しているわ。もし彼女のピアノ演奏に興味があれば，行きませんか。

B: いいね。そんな発表会に行ったことがないよ。

N: たくさんの人が演奏をするわ。きっと美しい音楽を楽しめるわよ。